Hans-Joachim Eckstein
Gesund im Glauben

Hans-Joachim Eckstein

Gesund im Glauben

Reihe: Grundlagen des Glaubens 4

SCM Hänssler

SCM

Stiftung Christliche Medien

Dr. Hans-Joachim Eckstein ist Professor für Neues Testament an der Evangelisch-theologischen Fakultät der Universität Tübingen. www.uni-tuebingen.de/ev-theologie/personal/eckstein

© der deutschen Ausgabe 2011 Hans-Joachim Eckstein
Verlagsrecht dieser Ausgabe:
SCM Hänssler im SCM-Verlag GmbH & Co. KG · 71088 Holzgerlingen
Internet: www.scm-haenssler.de; E-Mail: info@scm-haenssler.de

Die Bibelverse sind, wenn nicht anders angegeben, folgender Ausgabe entnommen: Lutherbibel, revidierter Text 1984, durchgesehene Ausgabe in neuer Rechtschreibung, © 1999 Deutsche Bibelgesellschaft, Stuttgart. Einige Bibelstellen sind vom Autor eigenständig übersetzt worden.

Umschlaggestaltung: Christiane Marwecki, Kathrin Retter
Titelbild: Freshpixel – Manuel Fischer / www.imagepoint.biz
Satz: typoscript GmbH, Walddorfhäslach
Druck und Bindung: CPI – Ebner & Spiegel, Ulm
Printed in Germany
ISBN 978-3-7751-5290-7
Bestell-Nr. 395.290

Siehe, ich will sie heilen und gesund machen
und will ihnen dauernden Frieden gewähren.

(Jer 33,6)

Herr, mein Gott, als ich schrie zu dir,
da machtest du mich gesund.

(Ps 30,3)

Ich will kommen und ihn gesund machen. –
Herr, ich bin nicht wert,
dass du unter mein Dach gehst,
sondern sprich nur ein Wort,
so wird mein Knecht gesund.

(Mt 8,7 f.)

Willst du gesund werden? –
Herr, ich habe keinen Menschen … –
Steh auf, nimm dein Bett und geh hin!
Und sogleich wurde der Mensch gesund
und nahm sein Bett und ging hin.

(Joh 5,6-9)

… damit sie gesund werden im Glauben.

(Tit 1,13)

Fürchte dich nicht, glaube nur!

(Mk 5,36)

Alle Dinge sind möglich dem, der da glaubt. –
Ich glaube; hilf meinem Unglauben!

(Mk 9,23 f.)

Dein Glaube hat dich gesund gemacht;
geh hin in Frieden und
sei gesund von deiner Plage!

(Mk 5,34)

Glaubt ihr, dass ich das tun kann? –
Ja, Herr. –
Euch geschehe nach eurem Glauben!

(Mt 9,28 f.)

Meine Gnade reicht für dich aus,
denn meine Kraft ist in der Schwachheit vollendet,
sie kommt in der Schwachheit an ihr Ziel!

(2. Kor 12,9)

INHALT

VORWORT

E in »gesunder Glaube« entfaltet eine Fülle lebensfördernder und beziehungsstärkender Impulse. Es gibt aber auch Formen von Religiosität, die nicht zur Bewältigung von Wirklichkeit und zur Entfaltung der Persönlichkeit beitragen, sondern eher lebensabträglich und zerstörerisch wirken. So stellt sich nicht nur die Frage, ob und wie der Glaube gesund macht, sondern für viele auch, wie der Glaube gesunden und sich lebensbejahend und beziehungsfähig entwickeln kann. Heilt ein gesunder Glaube? Und kann der Glaube durch Heilen gesunden? Birgt ein gesunder Glaube in sich die Kraft, auch mit Schwachheit und Krankheit, mit Schuld und Vergänglichkeit versöhnt umzugehen? Was sind die Kriterien für einen gesunden Glauben? Was ist das Besondere an dem Glauben, der sich an Jesus Christus und an dem Gottesbild seines Evangeliums orientiert? All diese zentralen Fragen sollen gleich zu Beginn aufgenommen und grundlegend beantwortet werden.

Eines lässt sich schon auf den ersten Blick am christlichen Glauben erkennen; er bezieht sich auf eine Person, die infolge ihres liebevollen Einsatzes für die Kranken, die Zerschlagenen und Ausgegrenzten selbst nicht etwa Anerkennung und Bestätigung erfahren hat, sondern menschliche Ablehnung und Feindschaft bis hin zu ihrer Hinrichtung am Kreuz. Schon die ersten Christen verstanden das geheimnisvolle Schicksal Jesu in Kreuz und Auferstehung im Licht des eindrücklichen Liedes vom Gottesknecht in Jesaja 53: »Fürwahr, er trug unsre Krankheit und lud auf sich unsre Schmerzen ... und durch seine Wunden sind wir geheilt« (Jes 53,4 f.). Was bedeutet das »Wort vom Kreuz« für das Verständnis des Evangeliums von Jesus Christus, und was für das darin offengelegte Verständnis von Gott und von den Menschen?

Über Sünde und Vergebung sprechen wir als neuzeitliche Menschen ungefähr so gerne wie von den Dingen, die unserer leiblichen Gesundheit schaden und unser Leben einschränken – nämlich möglichst gar nicht. Dabei wäre die »Krankheit« der Sünde durch das im Evangelium zugesprochene Geschenk der Vergebung durchaus heilbar und ohne ungewollte Nebenwirkungen zu kurieren. Setzt die Gesundung von dem, was unser Leben einschränkt und unsere Kraft bindet, doch schon im Prozess der Genesung selbst ungeahnte Kräfte und verloren geglaubte Zuversicht frei. Allerdings bedarf es dazu zunächst einer genauen Aufklärung darüber, wie die »Sünde« – jenseits aller Klischees und Vorbehalte – aus der Perspektive des Evangeliums zu verstehen und zu überwinden ist.

Es mag manche überraschen, dass sich die Rede vom »Gesunden im Glauben« (Tit 1,13) im Neuen Testament zunächst und zentral auf die »gesunde« Lehre und Verkündigung bezieht – und damit auf Wort und Verstand, auf Reden und Denken.[1] In der Tat sind wir als Menschen bei all unseren Entscheidungen, Handlungen und Gefühlen von unseren Vorverständnissen, Denkmustern und inneren Botschaften viel mehr bestimmt, als wir es uns bewusst machen und eingestehen. Als eine der grundlegenden Aufgaben einer an Christus orientierten und heilsamen »Lehre von Gott« gilt die saubere »theo-logische« Unterscheidung und Klärung der beiden so verschieden wirkenden Größen »Gesetz« und »Evangelium«. Sosehr eine »gesetzlich« missverstandene

Frömmigkeit auch krank machen kann, sosehr lohnt die befreiende und heilsame Wirkung des Evangeliums in jedem Fall die Mühe der gedanklichen Durchdringung.

Die Erfahrung der Befreiung und Erlösung soll den Einzelnen in seinem persönlichen Glauben erfassen; zugleich wird die gesundende Wirkung des Glaubens gerade auch in zwischenmenschlichen Beziehungen erfahren und entfaltet. Wir sind zur Beziehung mit Gott und miteinander geschaffen, und wir werden darin heil und ganz, dass Christus in uns und untereinander diese Vertrauensbeziehung neu begründet. Damit stellt sich abschließend die Frage, wie die Gemeinschaft, Gemeinde und Kirche zu verstehen ist, die als von Christus belebt in ihren vielen Gliedern Christi Leib bildet.

Wenn wir Glaube als diese vertrauensvolle Beziehung selbst verstehen, die Christus in uns hervorruft und weckt, wird verständlich, dass uns dieser Glaube heilt und rettet. Die folgenden Beiträge wollen aus ihrer jeweiligen Perspektive zu dieser Lebenszuversicht und Beziehungsgewissheit eines gesunden Glaubens einladen.

Hans-Joachim Eckstein

GESUNDEN IM GLAUBEN
LIEBE ALS LEBEN – SCHWACHHEIT ALS STÄRKE

HEILSAMER GLAUBE – GESUNDEN DES GLAUBENS?

Mit der Formulierung unseres Themas »Gesunden im Glauben« kommen gleich zwei verschiedene Gesichtspunkte in den Blick. Wir mögen die Hoffnung vor Augen haben, dass der Glaube von Krankheiten heilen und die Erkrankten gesund machen kann – gemäß der bekannten Zusage: »Dein Glaube hat dich geheilt!« Oder wir erwarten eine Betrachtung darüber, wie der Glaube selbst gesunden soll, wie ungesunde und lebensabträgliche Momente unserer Religiosität erkannt und geheilt werden können. Ob wir also an die Heilung *durch* Glauben denken oder an den Gesundungsprozess *des* Glaubens – in jedem Fall wird es darum gehen, wie sich Glaube und Gesundheit zueinander positiv verhalten mögen.

Ein »gesunder« und am Evangelium von Jesus Christus orientierter Glaube entfaltet gewiss eine Fülle lebensfördernder und beziehungsstärkender Impulse. Es gibt aber offensichtlich auch Formen von Religiosität und Frömmigkeit, die nicht zur Bewältigung von Wirklichkeit und zur Entfaltung der Persönlichkeit beitragen, sondern eher lebensabträglich und selbstzerstörerisch wirken. Es kommt vor, dass jemand nicht nur *trotz* seines Glaubens körperlich oder seelisch erkrankt, sondern gerade durch die Art seiner Frömmigkeit. So stellt sich in der Tat nicht nur die Frage, ob und wie der Glaube gesund macht, sondern für viele auch die, wie der eigene Glaube gesunden kann.

13

Was sind die Kriterien für ein Gesunden im Glauben? Was ist das Besondere an dem Glauben, der sich an Jesus Christus und dem neutestamentlichen Gottesbild orientiert? Gesundet der Glaube durch Heilung und heilt ein gesunder Glaube? Birgt ein gesunder Glaube in sich die Kraft, auch mit Schwachheit und Krankheit – oder sogar mit der Perspektive des eigenen Sterbens – versöhnt umzugehen?

WOHER WIR UNS VERSTEHEN

Wie so oft bei Themen des Glaubens und des Lebens beginnt alles mit der Frage nach dem Verständnis von Gott. Denn ganz grundlegend für unseren Glauben und für unsere Lebensentfaltung ist unsere Vorstellung von Gott und seinem Wesen, von seiner Einstellung zu uns und seinem Wirken an uns. Sogar wenn wir uns selbst gar nicht als religiös oder gläubig bezeichnen würden, haben wir dennoch bestimmte Vorstellungen von der Grundlage und dem Ziel unseres Lebens. Wir nehmen uns selbst und die gesamte Wirklichkeit nach uns prägenden Voraussetzungen und Grundbotschaften wahr. So ist es für uns in allen Lebensbezügen von größter Bedeutung, woher wir uns verstehen.

Nun können unsere »Gottesbilder« natürlich durch alle möglichen religiösen Vorstellungen und Erfahrungen mit menschlichen Autoritäten geprägt sein. Ob wir es wahrnehmen oder nicht, werden wir nämlich seit unserer frühesten Kindheit unwillkürlich durch unsere Herkunft und den Einfluss anderer Menschen geformt. Wir erleben und gestalten unsere Gegenwart aufgrund unserer Erfahrungen in der Vergangenheit. Und unsere Erwartung des Kommenden ist nicht nur durch unsere mögliche Zukunft bestimmt, sondern vor allem durch unsere prägende Vergangenheit und bisherige Gegenwart. Umso wichtiger ist es für das christliche Verständnis von Gott, dass es sich nicht nur an irgendwelchen Vorstellungen orientiert, sondern nach der »Selbst-Vorstellung« Gottes fragt, wie sie vom Glauben in der biblischen Überlieferung wahrgenommen wird. Der Glaube will sich nicht länger von inneren und äußeren Prägungen und Botschaften seiner bisherigen Lebenserfahrung abhängig machen. Der Glaube will sich vielmehr ganz bewusst von der – vielleicht aller bisherigen Erfahrung widersprechenden – »Guten Botschaft« Gottes heilsam bestimmen lassen, wie er sie in dem Evangelium von Jesus Christus erfasst.

»ICH BIN DER HERR, DEIN ARZT«

Schon auf den ersten Blick erschließt sich jedem Leser, dass das Thema des »Heilens« und des »Gesundens« in den biblischen Texten von zentraler Bedeutung ist. Die Motive der »Rettung«, der »Erlösung« und des »Heils« ziehen sich als ein roter Faden durch die ganze biblische Überlieferung. Dies gilt sowohl im Hinblick auf die Erinnerung an die heilvoll erlebte Vergangenheit als auch für die Wahrnehmung der Erlösung und Bewahrung in der Gegenwart. Selbst die Erwartungen der Vollendung des eigenen Lebens und der gesamten Schöpfung und Menschheitsgeschichte werden noch im Licht der Verheißungen des endgültigen Heilens und Erlösens Gottes gesehen. Die Selbstvorstellung Gottes gegenüber

15

seinen Menschen könnte gar nicht prägnanter wiedergegeben werden als mit der Zusage Gottes an sein Volk in 2. Mose 15,26: »Denn ich bin der Herr, dein Arzt!«

So spricht Gott dem in Schuld, Leid und Unheil verfangenen Israel durch den Propheten Jesaja zu: »Stärkt die müden Hände und macht fest die wankenden Knie! Sagt den verzagten Herzen: ›Seid getrost, fürchtet euch nicht! Seht, da ist euer Gott! Er kommt zur Vergeltung; Gott, der da vergilt, kommt und wird euch helfen.‹ Dann werden die Augen der Blinden aufgetan und die Ohren der Tauben geöffnet werden. Dann werden die Lahmen springen wie ein Hirsch, und die Zunge der Stummen wird frohlocken. ... Die Erlösten des Herrn werden wiederkommen und nach Zion kommen mit Jauchzen; ewige Freude wird über ihrem Haupte sein; Freude und Wonne werden sie ergreifen und Schmerz und Seufzen wird entfliehen« (Jes 35,3-6.10). Anschaulicher kann man die überwältigende Erfahrung der Erlösung von Leid und Schmerzen kaum ausmalen. Das kommende Heil Gottes soll sich also darin konkretisieren, dass Gott die Verzagten trösten, die Seufzenden mit Freude erfüllen und die Kranken heilen möchte.

Was bei Jesaja als zukünftige Lebensperspektive verkündet werden soll, wird in der Gewissheit mancher Psalmen wie eine Vergangenheit, Gegenwart und Zukunft umfassende Zuversicht des Vertrauens entfaltet. So ruft der 103. Psalm zu einem in Gottes umfassender Barmherzigkeit und Güte begründeten Loben als Ausdruck der Geborgenheit auf: »Lobe den Herrn, meine Seele, und was in mir ist, seinen heiligen Namen! Lobe den Herrn, meine Seele, und vergiss nicht, was er dir Gutes getan hat: der dir alle deine Sünde vergibt und heilet alle deine Gebrechen, der dein Leben vom Verderben erlöst, der dich krönet mit Gnade und Barmherzigkeit, der deinen Mund fröhlich macht, und du wieder jung wirst wie ein Adler« (Ps 103,1-5).

Wenn wir danach fragen, woher sich der Beter dieses Psalms versteht, fällt die Antwort leicht: Er versteht sich von dem Gott her, der sich wie ein Vater über seine Kinder erbarmt (V. 13), der seine Gnade so überragend über denen bestehen und wirken lässt, wie der Himmel über der Erde ist (V. 11). Dabei zeigt sich die große Güte und Geduld dieses fürsorglichen Gottes auch darin, dass sie die menschliche Vergänglichkeit, Krankheit und Fehlbarkeit nicht etwa ausblenden muss, sondern gerade voraussetzt und vergebungsbereit heilt. Die Hinfälligkeit und Endlichkeit des Menschen lässt für den staunenden Beter sogar die Unverbrüchlichkeit der Treue Gottes umso rühmenswerter erscheinen: »Die Gnade aber des Herrn währt von Ewigkeit zu Ewigkeit über denen, die ihn fürchten« (V. 17). Wer Gott lobt, weiß sich gerade angesichts seiner eigenen Unzulänglichkeit und Begrenztheit in Gottes umgreifender Zuwendung und Treue geborgen.

»FÜRWAHR, ER TRUG UNSERE KRANKHEIT«

Sosehr die Zeugen des Neuen Testament sich einerseits in Kontinuität zu Gottes Reden und Handeln gegenüber dem Volk Israel verstehen, sosehr sehen sie mit Christus doch eine heilsgeschichtlich und offenbarungsgeschichtlich grundlegend *neue Zeit* gekommen: In seinem Sohn hat sich Gott in letztgültiger Weise offenbart, sodass Jesu Wirken, Sterben und Auferstehen als die *Erfüllung* der vorangegangenen Verheißungen und die *Vollendung* der bisherigen Heilsgeschichte erkannt werden können.

So beginnt das öffentliche Wirken Jesu nach dem ältesten Evangelium mit den programmatischen Worten Jesu: »Die Zeit ist *erfüllt* und die Königsherrschaft Gottes *ist gekommen* – d. h.: sie *ist da*. Kehrt um und glaubt an das Evangelium!« (Mk 1,15). Hier wird nicht nur von dem nahen *Bevorstehen* der heilvollen Gottesherrschaft gesprochen, sondern bereits von seinem *Dasein*, seinem gegenwärtigen Angebrochensein in der Person und dem Wirken Jesu.[2] Angesichts dieses Erfüllungsanspruchs der »Guten Nachricht« von Gottes Offenbarsein und Gegenwart in Jesus Christus kann es nicht überraschen, dass dessen Wirken nicht nur durch seine vollmächtige Verkündigung und Lehre bestimmt sind (Mk 1,22.27), sondern ganz ausdrücklich durch sein Heilen von Krankheiten[3], sein Befreien von Belastung und Besessenheit[4] sowie durch sein Gewähren von Zuwendung und Vergeben von Sünden[5]: »Die Starken bedürfen keines Arztes, sondern die Kranken. Ich bin gekommen, die Sünder zu rufen und nicht die Gerechten« (Mk 2,17). So heilt Jesus einen Gelähmten in Kapernaum, indem er ihm – gleichsam als Erfüllung von Psalm 103,3 – zunächst alle seine Sünden vergibt und damit verbunden alle seine Gebrechen heilt (Mk 2,1-12). Die Augenzeugen der Heilungen Jesu können mit Bezug auf Gottes gute Schöpfung und auf die Heilsverheißung durch Jesaja nur verwundert bestätigen: »Er hat alles wohl gemacht; die Tauben macht er hörend und Sprachlose redend« (Mk 7,37).

Dabei kommen zwei Aspekte des heilenden Wirkens Jesu besonders in den Blick. *Erstens* ist es die *gegenwärtige Wirk-*

lichkeit der Heilserfahrung im Wirken Jesu: »*Heute* ist dieses Wort der Schrift erfüllt vor euren Ohren« (Lk 4,21), lautet Jesu prägnante Predigt in Nazareth nach der Verlesung der Heilsworte aus Jesaja 61,1 f. Die Befreiung von dämonischen Belastungen und Besessenheiten gilt als eindeutiger Erweis dafür, dass die heilvolle Königsherrschaft Gottes bereits wirksam erschienen und gegenwärtig ist (Lk 11,20; Mt 12,28).

Zweitens ist offensichtlich, dass das Gesunden im Glauben den Menschen *ganzheitlich* meint. Der Gelähmte erfährt zugleich die Vergebung seiner Sünden wie die Heilung von seiner leiblichen Lähmung (Mk 2,1-12). Der Aussätzige wird sowohl leiblich von seiner Krankheit geheilt als auch sozial wieder in die Gemeinschaft aufgenommen, von der er durch seine Unreinheit ausgegrenzt war (Mk 1,40-45). Der Blinde Bartimäus bekommt durch Jesus nicht nur sein leibliches Augenlicht geschenkt, sondern er darf ihm fortan zugleich auf dessen Weg als Jünger sehenden Auges nachfolgen (Mk 10,46-52).[6] Im Fall von Levi und den anderen Zöllnern und Sündern geht es bei ihrer Begegnung mit Jesus als »dem Arzt« gar nicht um eine offensichtliche leibliche Krankheit, sondern um ihr Geheiltwerden in ihrer Gottesbeziehung und in ihren Selbst- und Sozialbezügen (Mk 2,13-17). Wir könnten sagen: Es handelt sich um eine *ganzheitliche* Heilung, um Heiligung und Bewahrung des Menschen in all seinen Bezügen und nach allen Aspekten – d. h. nach »Leib, Seele und Geist« (1. Thess 5,23).

Dem entspricht es, dass der neutestamentliche Begriff für »Heil« nicht auf eine einzelne Bedeutungsfacette festzulegen bzw. zu beschränken ist. »Heil« bedeutet sowohl »Rettung« wie »Heilung« wie »Bewahrung« – Rettung aus der bisherigen Not und Bindung, gegenwärtige Heilung von einer Krankheit sowie Bewahrung vor zukünftiger Gefährdung und Bedrohung. Und der umfassend zu übersetzende Zuspruch: »Dein Glaube hat dich geheilt/dich gerettet/dir geholfen«[7] beinhaltet sowohl die umfängliche Gesundung des Angesprochenen wie vor allem auch seine endgültige und für alle Ewigkeit gültige Rettung in der bleibenden Gemeinschaft mit Gott. Es geht bei der Zuwendung Jesu in dieser Zusage gegenüber Kranken, Zerschlagenen und Gebeugten zugleich um Heilung von konkreter Not wie auch um die umfängliche Rettung zu einem ewigen Leben in der Gottesgemeinschaft.

Bei einem solch umfassenden Verständnis von Rettung, Heilung und Bewahrung des Menschen durch das Verkündigen und Wirken Jesu im Hier und Jetzt der Begegnung mit ihm wird verständlich, warum Jesus nach Lukas 4,14 ff. verkünden kann, dass die gute Botschaft von Jesaja 61,1 f. im Heute seiner Gegenwart erfüllt ist: »Der Geist des Herrn ist auf mir, darum weil er mich gesalbt hat, zu verkündigen das Evangelium den Armen; er hat mich gesandt, zu predigen den Gefangenen, dass sie frei sein sollen, und den Blinden, dass sie sehen sollen, und den Zerschlagenen, dass sie frei und ledig sein sollen, zu verkündigen das Gnadenjahr des Herrn.« In ihm – dem um der Schwachen, Kranken und Sünder willen gekommenen Arzt – erkannten auch schon die Evangelisten den geheimnisvollen Gottesknecht, von dem das 4. Gottesknechtlied in Jesaja 52,13 – 53,12 bekennt: »Er hat unsre Schwachheiten auf sich genommen, und unsre Krankheit hat er getragen« (Mt 8,17; Jes 53,4).

Es mag sein, dass die Bedeutung der Heilungen und des Gesundens im Glauben in Kirche und Wissenschaft, in Verkündigung und Forschung lange Zeit eher vernachlässigt wurde. Es steht aber außer Frage, dass das Wirken Jesu und der Anbruch der Königsherrschaft Gottes in ihm sich nach allen Evangelien ganz zentral als Heilen, Retten und Bewahren der Kranken, Gebundenen und Niedergeschlagenen entfaltet haben.[8]

DIE GABE, GESUND ZU MACHEN

Nun könnten wir einwenden, dass die Zeit, in der Jesus als der Sohn Gottes leiblich auf dieser Erde war, im Neuen Testament als ganz herausgehoben und unvergleichlich verstanden und beschrieben wird. Ist das Zeitalter der frühen Gemeinden und das der Kirche nicht prinzipiell von dieser einmaligen Heilszeit zu unterscheiden und zu trennen? Ganz unbestreitbar sind wir heute auf das Zeugnis derer angewiesen, die den irdischen Jesus selbst begleiten konnten, ihn als Auferstandenen sehen durften und von ihm das Evangelium und ihre besondere Beauftragung persönlich empfangen haben. Zweifellos versteht sich die Gemeinde Jesu Christi seit ihren Anfängen als die Schar derer, die seit dem Abschied von ihrem Herrn nach Ostern nun auf sein abermaliges Kommen wartet und ihm und mit ihm ihrer eigenen Vollendung, Erlösung und endgültigen Rettung entgegenzieht. Aber im Neuen Testament wird durchaus auch für die Zeit der frühen christlichen Gemeinden vorausgesetzt, dass es neben der Beauftragung der Glauben weckenden Verkündigung durch *Apostel*, neben der ermunternden und ermahnenden Verkündigung durch *Propheten* und neben der grundlegenden und vertiefenden Unterrichtung im Glauben durch *Lehrer* auch die spezielle Gabe gibt, *gesund zu machen*: »Und Gott hat in der Gemeinde eingesetzt erstens Apostel, zweitens Propheten, drittens Lehrer, dann Wundertäter, dann Gaben, gesund zu machen, zu helfen, zu leiten und mancherlei Zungenrede« (1. Kor 12,28; vgl. V. 9.30).

Paulus selbst, der als Apostel der Heiden in ganz herausgehobener Weise zur Glauben weckenden Verkündigung des Evangeliums berufen und begabt war, wurde vom Auferstandenen offensichtlich zugleich und begleitend dazu gebraucht, durch »Wort und Werk« – d. h. »in der Kraft von Zeichen und Wundern und in der Kraft des Geistes Gottes« – Glauben zu wecken und Heil umfassend zuzusprechen (Röm 15,18 f.). So kann er die zweifelnden Korinther auch an seine eigene Gabe, gesund zu machen, erinnern: »Es sind ja die Zeichen eines Apostels unter euch geschehen in aller Geduld, mit Zeichen und mit Wundern und mit Taten« (2. Kor 12,12).[9]

»DEIN GLAUBE HAT DICH GEHEILT!«

Nicht nur im Hinblick auf unsere heutige Verlegenheit, sondern ganz grundsätzlich und bereits für die Schriften des Neuen Testaments selbst stellt sich damit die entscheidende Frage, wie der Zusammenhang von Glaube und Heilung näher zu bestimmen ist. Ob wir den Ausdruck zurückhaltend mit »helfen« übersetzen oder eindeutiger mit »heilen« und »retten« – was ist das für ein Glaube, dem eine so lebens-, heils- und beziehungsfördernde Wirkung zugesprochen wird? Gilt dies für jede Form von Glauben – ganz unabhängig vom konkreten Inhalt? Genügt es, einen starken Willen und die Kraft des positiven Denkens zu haben, um das hier Gemeinte zu erfahren? Müssen wir nur fest genug daran glauben, um in jedem Fall geheilt zu werden? Und wenn Angehörige oder wir selbst trotz allen Gebetes nicht geheilt werden, haben wir dann nicht genug Glauben aufgebracht oder haben wir Gottes Voraussetzungen und Erwartungen an uns nicht erfüllt?

Bei all diesen offenen Fragen gilt es wohl zunächst zu klären, was die ersten Christen – was vor allem der Kronzeuge des Glaubensbegriffs im Neuen Testament, Paulus, – genau unter »Glaube« verstanden haben. Wie sind Bedeutung und Wesensmerkmal dieses Zentralbegriffs der neutestamentlichen Theologie und Verkündigung präzise zu bestimmen? Denn nur, wenn es gelingt, den vorausgesetzten Glauben zutreffend zu erfassen, kann auch der heilvolle Zusammenhang eines Gesundens *durch* Glauben und eines Gesundens *im* Glauben nachvollzogen werden.[10]

HEISST GLAUBEN NICHT WISSEN?

Umgangssprachlich wird der Begriff »glauben« häufig gebraucht, um hervorzuheben, dass sich etwas nur »annehmen« und »vermuten«, aber eben gerade nicht mit Gewissheit sagen lässt – wie in der Redewendung: »Glauben heißt nicht wissen.« Im Neuen Testament hingegen wird eine Erkenntnis nicht etwa deshalb als Glaubensaussage bezeichnet, weil ihr Wahrheitsgehalt dem Bekenner ungewiss oder zweifelhaft wäre. Der Glaubende darf sich seiner Überzeugung durchaus gewiss sein. Was seine Glaubenserkenntnis vom sonstigen menschlichen Wissen unterscheidet, ist nicht etwa ein Mangel an *Gewissheit*, sondern lediglich die *Weise*, in der diese Gewissheit zustande kommt.

Sehr geläufig ist somit *erstens* die Wendung »glauben, *dass*...« in der Bedeutung »für wahr halten«. Hier ist der Glaube also konkret auf einen *Glaubensinhalt* bezogen, er bezeichnet etwas, das geglaubt wird. Die Geretteten »glauben, dass Jesus gestorben und auferstanden ist« (1. Thess 4,14), »glauben, dass Gott Jesus von den Toten auferweckt hat« (Röm 10,9). In diesem Sinne lässt sich der *Inhalt* des Glaubens auch von Beginn an in Bekenntnissen formulieren – wie wir in unseren Gottesdiensten bis heute das Apostolische Glaubensbekenntnis gemeinsam bekennen. So wurde den Korinthern nach 1. Korinther 15 in der Verkündigung bezeugt und so haben sie geglaubt (V. 11), »dass Christus gestorben ist für unsre Sünden nach der Schrift und dass er begraben worden ist; und dass er auferstanden ist am dritten Tage nach der Schrift; und dass er erschienen ist Kephas, dann den Zwölfen« (1. Kor 15,3-5). In diesem Sinne fragt Jesus nach Matthäus 9,28 auch die beiden Blinden, die ihn um sein Erbarmen bitten: »Glaubt ihr, *dass* ich das tun kann?« Und er heilt sie, als sie seine Frage bejahen, mit der Zusage: »Euch geschehe nach eurem Glauben!« (Mt 9,29).

Dabei kommt es zum Glauben an Gottes Existenz, an seine Zuwendung und sein Handeln nicht aufgrund von »Beweisen« und »eigenen Erfahrungen«, sondern vielmehr dadurch, dass der Mensch von Gott angesprochen und das Evangelium von Christus ihm zugesprochen wird. Der Glaubende wird von der Wahrheit des Evangeliums überzeugt, ohne dass er selbst Zeuge der beschriebenen Ereignisse gewesen sein muss. Er kann sich darauf einlassen und verlassen, ohne dass er sie wie andere Tatsachen seines Lebens persönlich nachprüfen und belegen könnte. So versteht auch Paulus als Gegensatz zum »Glauben« nicht etwa das *»Wissen«*, denn der Glaube ist von Wissen, Erkenntnis und Gewissheit erfüllt – er würde in diesem Sinne wohl eher formulieren: »Glauben heißt wissen!« Für ihn besteht der Gegensatz zum gegenwärtigen Glauben der Christen vielmehr im zukünftigen »Schauen« – in der »Anschaulichkeit«, »dem Sichtbaren« der für uns noch zukünftigen himmlischen Welt. »Denn wir wandeln im Glauben und nicht im Schauen, im Sichtbaren« (2. Kor 5,7). Damit bedeutet Glauben, sich an das zu halten, was man nicht sieht, als würde man es sehen.

Die Glaubenden sind also durchaus davon überzeugt, *dass* Gott ist und dass er *für sie* ist; aber sie können dieses Wissen nicht aus der Geschichte und Erfahrung – unabhängig und außerhalb von Christus – ableiten. Sie können ihre Glaubensüberzeugung anderen gegenüber wohl bezeugen und vernünftig erklären, aber eben nicht »beweisen«. Wüssten sie nicht von Gottes Selbstvorstellung und Reden in Christus – von der Verkündigung und dem Wirken Jesu Christi, von seiner Lebenshingabe für uns und seiner Auferstehung –, dann blieben ihre Erkenntnis von Gott und ihre Erfahrung mit der Welt und mit dem eigenen Glauben mehrdeutig und widersprüchlich – und damit gerade nicht vertrauenserweckend und Glauben gründend.

Infolge der Zusage des Evangeliums Jesu Christi hingegen vertrauen sie fest darauf, dass sich Gott dieser widersprüchlichen Welt gegenüber bereits behauptet hat und sich ihr gegenüber endgültig in Liebe und Gerechtigkeit durchsetzen wird. Aber sie nennen diese Gewissheit noch »Hoffnung«, weil sie eben noch nicht für jeden »augenscheinlich« und »offensichtlich« ist – Römer 8,24 f.: »Denn zu solcher *Hoffnung* sind wir gerettet; die Hoffnung aber, die man sieht [d. h. die man schon erfüllt sieht], ist nicht Hoffnung; denn wie kann man auf das hoffen, was man sieht? Wenn wir aber auf das hoffen, was wir nicht sehen, so warten wir darauf in Geduld.«

Der christliche Glaube schließt somit durchaus »Wissen« und »Erkenntnis«, »Fürwahrhalten« und »Bekenntnis« ein. Jedoch wird diese »Überzeugung« weder durch einen »historischen Beweis« herbeigeführt noch überhaupt als losgelöster »Faktenglauben« dem Menschen selbst vorweg abgefordert – im Sinne von: »Das musst du eben glauben!« Die Offenbarung Gottes in Jesus Christus ist für die ersten Christen – wenn man es mit neuzeitlicher Begrifflichkeit ausdrücken wollte – sehr wohl »historisch«, d. h. in Zeit und Raum hinein *geschehen*, aber eben nicht »historisch *verifizierbar*«, d. h. mithilfe der menschlichen Vernunft und mit wissenschaftlichen Mitteln auch außerhalb des Glaubens *nachzuweisen*. Und die Glaubensüberzeugung gilt sehr wohl als »objektiv begründet« und nicht nur als »subjektiv vermutet«, aber sie lässt sich gegenüber dem Unglauben zur jetzigen Zeit eben noch nicht »objektiv« und unwidersprechlich *beweisen*.

er zweifelte nicht an der Verheißung Gottes durch Unglauben, sondern wurde stark im Glauben und gab Gott die Ehre und wusste aufs Allergewisseste: Was Gott verheißt, das kann er auch tun« (Röm 4,20 f.).

Von hier aus wird deutlich, dass die zunächst skizzierten Aspekte des Glaubens erst von dieser Perspektive des persönlichen »Vertrauens« und »Zutrauens« her ihre wesentlichen Umrisse und ihre Eindeutigkeit gewinnen. Nur wenn der Glaube als vertrauender und sich anvertrauender Glaube – also als positive personale Beziehung – erfasst wird, erscheinen die Gesichtspunkte der Glaubenserkenntnis und des Glaubenswissens, des Anerkennens und der Zustimmung im rechten Licht. Denn sowohl ein Verständnis von »Glauben« allein als »Für-wahr-Halten« als auch die Betonung des »Glaubensgehorsams« und des »Auslebens« von Glaubensüberzeugungen könnten für sich genommen – wie wir aus der Frömmigkeitsgeschichte wissen – auch zu ganz unverbindlichen oder auch ungesunden und lebensfeindlichen Formen von Religiosität führen.

BESCHENKT WERDEN IM GLAUBEN

Nun bewahrt selbst die Betonung dieses *personalen* und *persönlichen* Gesichtspunktes des Glaubens offensichtlich noch nicht vor allen Missverständnissen. Wir sprechen in der Verkündigung und Seelsorge gerne davon, dass das Vertrauen zu Gott unsere »Antwort« auf Gottes »Wort« sei, dass wir nur den Willen aufzubringen und uns zu entscheiden hätten, ja dass unser Glaube an Gott der *eine* Schritt sei, den wir nach Gottes vielen Schritten des Entgegenkommens nun unsererseits zu tun hätten. Wenn wir so sprechen, dann erfahren manche diese Form des Wechsels von den »Werken des Gesetzes« hin zu der Forderung nach »dankbarer Liebe« nicht etwa als Erleichterung, sondern als eine lediglich indirektere Form der religiösen Überforderung. Gesetzesforderungen kann man studieren und zu »guten Werken« kann man sich überwinden. Aber wie bringt man sich selbst dazu, das Unglaubliche zu glauben und aus Notwendigkeit freiwillig zu lieben?

Stellt der Glaube dabei nicht doch eine neue, wenn auch feinsinnigere Form der »Leistungsforderung« und der »Bedingung« dar, die der Mensch nun seinerseits anstelle der »Gesetzeswerke« zu erfüllen hat? Richtig gesehen wird mit der Betonung der *Notwendigkeit* des Glaubens sicherlich, dass die Gemeinschaft mit Gott und das neue, heilsame Leben in Christus im Neuen Testament durchgängig mit dem Glauben verbunden werden: Es gibt danach keine christliche Identität und kein geistliches Leben ohne Glauben!

Es trifft auch zu, dass es der *Mensch* ist, der glaubt. Denn der »Glaubensbegriff« wird als solcher in unserer Sprache ja nicht in Hinsicht auf Gottes Haltung der Welt gegenüber gebraucht; diese wird vielmehr mit Begriffen wie »Liebe«, »Erbarmen«, »Gerechtigkeit« und »Treue« umschrieben.[17] Hingegen ist es unzutreffend, dass der »Glaube« bei Paulus oder in den Evangelien als *menschliche* Möglichkeit oder als vom Menschen *selbst* zu erbringender eigenständiger Beitrag dargestellt wird. Ob es heißt, dass der rettende Freispruch »auf der Grundlage des Glaubens«[18] empfangen wird, oder ob betont wird, dass das Heil »vermittels des Glaubens«,

»durch den Glauben«[19] erlangt wird – in jedem Fall wird der Glaube nicht als *Voraussetzung* und *Vorbedingung* – als *conditio* – verstanden, die der Mensch von sich aus zu erfüllen hätte, um anschließend dafür das Heil zu erlangen. Vielmehr wird der Glaube als die *Art und Weise* – als *modus* – verstanden, in der Gott dem Menschen schon gegenwärtig Anteil an seiner Gerechtigkeit und seinem Heil gibt.

Der Mensch muss nicht zuerst glauben, damit Gott ihm infolgedessen Heilung und Leben schenkt, sondern indem der Mensch glaubt, hat er bereits das Heil und das Leben. Der *Glaube selbst* ist schon Geschenk,[20] denn er ist die *gegenwärtige Gestalt der Gottesbeziehung*. Der Glaube ist gerade nicht die vom Menschen zu erfüllende Vorbedingung und Kondition, sondern die Gestalt der gegenwärtigen Heilserfahrung. Gerechtigkeit und Heil werden dem Menschen nicht »*wegen* seines Glaubens«, sondern »*durch* den Glauben«, »*in Gestalt* des Glaubens« zugesprochen. Wenn wir den Glauben als vertrauensvolle Beziehung verstehen, die Christus selbst in uns hervorruft und weckt, ist klar, dass uns dieser Glaube heilt und rettet. Als Geschöpfe sind wir zur Beziehung mit Gott als unserem Schöpfer geschaffen, und wir werden darin heil und ganz, dass Christus in uns diese Vertrauensbeziehung neu begründet und hervorruft.

IM GLAUBEN GEWISS

Nur wenn der Glaube tatsächlich als von Gott selbst geschenkt und das menschliche Vertrauen zu ihm als durch sein Wort und seinen Zuspruch erweckt und hervorgerufen verstanden wird,[21] ist es auch möglich, Zuversicht und Gewissheit im Glauben zu gewinnen. Der Glaube darf sich der Liebe und Zuwendung Gottes gewiss sein,[22] denn er darf Gott »aufs Wort glauben«. Der Unterschied zwischen einer berechtigten und für den Glauben unentbehrlichen »Heils*gewissheit*« – *certitudo* – und einer oft kritisierten, unangemessenen »Heils*sicherheit*« – *securitas* – liegt nicht im Grad des Wissens und der Stärke der Überzeugung, sondern allein in deren *Begründung* und *Voraussetzung*. Es geht also nicht um die Frage, wie gewiss sich der Glaube sein darf, sondern allein darum, worauf sich die Glaubensgewissheit stützt.

Insofern die Gewissheit nicht im eigenen »Ergreifen«, sondern im »Ergriffensein« und »Gehaltenwerden« gründet (Phil 3,12),[23] nicht im »Erkennen«, sondern im »Erkannt-Sein« (1. Kor 8,3; 13,12; Gal 4,9), ist der Unterschied zwischen einer berechtigten »*Gewissheit*« und einer unberechtigten »*Sicherheit*« klar zu bestimmen: Es geht um den Gegensatz von in Gottes Zuspruch begründeter »*Christus*gewissheit« und in Überheblichkeit gründender »*Selbst*sicherheit«. Der Gläubige selbst kann seine *eigene* Treue nicht für alle Zeiten garantieren, er hat aber die Verheißung, dass *Gott* ihm – und sich selbst – in Christus immer treu bleiben wird. – Römer 8,38 f.: »Denn ich bin *gewiss*, dass weder Tod noch Leben, weder Engel noch Mächte noch Gewalten, weder Gegenwärtiges noch Zukünftiges, weder Hohes noch Tiefes noch eine andere Kreatur uns scheiden kann von der *Liebe Gottes*, die *in Christus Jesus* ist, unserm Herrn.«

SCHRITTE DES GLAUBENS

Wenn die Liebe und die Gnade Gottes so nachdrücklich zur Geltung kommen, wird häufig entgegengehalten: »Der Mensch hat aber doch den *einen* Schritt des Glaubens selbst zu gehen!« Die Antwort lautet: Er soll nicht nur *einen*, sondern sogar unzählige Schritte im Glauben gehen! Entscheidend ist aber, dass der Mensch keinen einzigen Schritt seines Lebens fortan *allein* und *ohne Christus* zu gehen braucht. Wir sollen wohl selbst Schritte des Glaubens machen, aber nicht isoliert und alleingelassen. Denn wäre es anders und der Mensch hätte den ersten – oder wenn man will: den letzten – Schritt des Glaubens von sich aus und allein zu machen, dann würde das neue Leben mit genau dem Problem erneut beginnen, von dem es den Menschen erlösen soll: der Unabhängigkeit von Gott.

Wir sollten uns in Verkündigung und Lehre davor hüten, die *Unverzichtbarkeit* des Glaubens auf eine Weise zu beschreiben, die andere nur auf die *Unerreichbarkeit* des Glaubens schließen lässt. Man kann den Vorgang des »Beschenktwerdens« auch so verkomplizieren, dass das Annehmen des »bedingungslosen« Geschenkes für den Empfänger zum eigentlichen Problem wird. Dann gewinnt der Beschenkte den Eindruck, als hätte er sich durch sein Verhalten die »voraussetzungslose« Zuwendung erst zu verdienen, als müsse er durch seine Haltung auf eine ganz hintersinnige Weise die Kosten für das »kostenlose« Geschenk selbst aufbringen.

»Ist damit aber der Mensch nicht zu völliger *Passivität* verurteilt?«, wird oft eingewandt. – Von »Passivität« im Glauben kann man wohl sprechen, wenn man den Aspekt des *Empfangens* und des *Beschenktwerdens* durch Gott betonen will. Der Glaubende weiß, dass er sein ganzes Leben der voraussetzungslosen Liebe Gottes verdankt, und lässt sich das Beschenktwerden und Geheiltwerden durch Christus gefallen. Der Begriff der »Passivität« ist aber dann irreführend, wenn man damit den Gedanken an ein untätiges, duldendes und teilnahmsloses Verhalten verbindet. Der von Gottes Geist bewegte Mensch (Röm 8,14) wird im Gegensatz dazu gerade als zielstrebig, willensstark, belastbar, liebesfähig und lebensorientiert beschrieben[24] – und in diesem Sinne dann wohl als ausgesprochen »aktiv«.

»Wie kann man denn den Glauben noch als freie Entscheidung verstehen, wenn der Mensch dazu von Gott überwunden werden muss?« – Der »freie Wille« des Menschen wird im Evangelium nicht als *Vorbedingung*, sondern – wenn man es überhaupt so nennen will – als *Folge* der Erlösung und Heilung dargestellt. Im Unterschied zu mancher individualistischen Sicht des Menschen weiß die neutestamentliche »Lehre vom Menschen« um das Eingebunden- und Bestimmtsein des Menschen durch die ihn prägenden Einflüsse. Dass die »Freiheit« des Menschen nicht als Voraussetzung zum Glauben zu denken ist, sondern vielmehr als dessen Konsequenz, wird spätestens dann deutlich, wenn vom »Versklavtsein« und »Gefangensein« des Menschen unter der Herrschaft der lebensabträglichen und unheilvollen Sünde gesprochen wird.[25] Die Befreiung in Christus wird dementsprechend als Auslösung aus der Sklaverei und als Adoption zur Gotteskindschaft beschrieben.[26] In Hinsicht auf die Töchter und Söhne Gottes kann dann in der Tat von einer herrlichen Freiheit der Kinder Gottes (Röm 8,21) ausgegangen werden – nämlich der Freiheit innerhalb der heilsamen und lebensfördernden Beziehung.

DIE UNVERGLEICHLICHE LIEBE GOTTES

Wen soll man sich bei einem so konsequent durchgeführten Verständnis von Gottes Liebe und Gnade denn dann als *Subjekt* des Glaubens denken? – In der Tat stoßen wir an diesem Punkt an die Grenze einer durch menschliche Analogien und Bilder bestimmten Argumentation. Durch den Vergleich mit einer Eltern-Kind-Beziehung[27] oder mit einer partnerschaftlichen Liebe[28] lassen sich die Momente einer *positiven personalen Beziehung* und einer *bedingungslosen und umfassenden Zuwendung* eindrücklich veranschaulichen. Die Grenze dieser bildhaften Rede liegt freilich darin, dass keines der angeführten menschlichen Beispiele wirklich die *Ganzheitlichkeit* und *Umfänglichkeit* der Gottesbeziehung illustrieren kann.

Denn Kinder sollen erwachsen werden, Schüler von ihren Lehrern unabhängig. Selbst – bzw. gerade – in einer partnerschaftlichen Liebe besteht das Ideal keineswegs in der Abhängigkeit und dem bleibenden Angewiesensein des einen Partners auf den anderen. Insofern kann es hilfreich sein, Gott nicht nur in Analogien zu menschlichen Autoritäten wie Eltern und Lehrern zu denken, sondern sich darauf zu besinnen, dass er nach der biblischen Tradition als »Schöpfer« und »Bewahrer der Welt« zugleich in grundsätzlicher Unterschiedenheit von seinen »Geschöpfen« gedacht wird. Er wird nicht nur als *ein* »Lebender« unter anderen beschrieben, sondern als der *Ursprung* des Lebens und als *das Leben selbst*; er wird nicht nur als *ein* Liebender unter anderen erkannt, sondern als *die Liebe in Person.* Gott selbst ist *die* Liebe und *das* Leben.[29] Ein Geschöpf kann durch die Zuordnung zu seinem Schöpfer nur gewinnen; und ein Lebender kann sich nichts mehr wünschen, als dass das Leben sich in ihm uneingeschränkt und dauerhaft entfaltet. Wer wäre zu stolz, sich von der Liebe überwältigen zu lassen, oder fühlte sich bevormundet, nur weil er auf das Leben bleibend angewiesen ist? Wer wollte nicht durch einen solchen Glauben gesunden und auf diese Weise auch immer mehr in seinem Glauben gesunden?

HEILSAME LIEBE – UNGESUNDE FORMEN DER RELIGIOSITÄT

Während mit alldem das Verständnis eines am Evangelium orientierten heilsamen Glaubens positiv entfaltet worden ist, kamen indirekt und in jeweiliger Umkehrung auch schon die Formen einer nicht gesunden, vielleicht sogar krank machenden Religiosität in den Blick. Der Unterschied zwischen beiden so unterschiedlich wirkenden Glaubensweisen lässt sich zusammenfassend nochmals an dem jeweils vorausgesetzten »Glaubensbegriff« – und damit an dem jeweiligen *Gottesbild* und an dem grundlegenden *Beziehungs- und Liebesverständnis* – verdeutlichen. Als heilsam erweist sich der Glaube, wenn er in Gott und seiner Liebe gründet. Als ungesund und krank machend können Formen der Religiosität wirken, die vom Menschen fordern, was nur Gott geben kann, und vom Menschen verlangen, was er allein in der Gottesbeziehung sein und leben kann.

Die von dem Vater Jesu Christi ausgehende Liebe und Zuwendung – Gottes Agape[30] – ist nicht durch die Beschaffenheit und den Wert des zu liebenden Menschen motiviert, sondern in der Zuneigung und Zuwendung des liebenden Gottes selbst begründet. Nicht weil der Mensch sich als liebenswert erweist, erfährt er Gottes Anerkennung und Wertschätzung, sondern weil Gott den Menschen liebt, erkennt dieser seinen wahren Wert. Als ungesund und krank machend erweist es sich für Menschen, wenn sie nur Zuwendung und Anerkennung erfahren, die vom eigenen Wert bestimmt und von ihrer Liebenswürdigkeit abhängig sind. Die Liebe Gottes hat ihren Grund in sich selbst und schenkt dem Gegenüber Anerkennung und Wertschätzung, während viele Formen menschlicher Zuneigung in der Anziehungskraft und der Angepasstheit des Gegenübers begründet sind.

Damit geht es bei der Unterscheidung zwischen einem gesunden – am Evangelium von Christus orientierten – Glauben und krank machenden Formen der Religiosität letztlich um den Unterschied von »nicht konditionierter« und »konditionierter Annahme«, von »nicht bedingter« und »bedingter Zuwendung«.[31] Wenn Zuwendung an das Wohlverhalten und die Wohlgefälligkeit des Gegenübers gebunden ist, dann sprechen wir von *bedingter* Annahme, denn sie ist sowohl an »Vorbedingungen« geknüpft als auch als solche »vorbehaltlich«. In Wahrheit bezieht sich eine solche Zuneigung nicht auf die Person selbst, sondern auf bestimmte Aspekte, Eigenschaften oder Qualitäten der Persönlichkeit. Die Wertschätzung gilt dann nicht dem Menschen an sich, sondern vielmehr seinen attraktiven Seiten und erwartungskonformen Verhaltensweisen. Da eine solche Art von Anerkennung und Zuneigung in Wahrheit erarbeitet und erkauft werden muss, enttäuscht sie nicht nur die »Ungeliebten«, sondern zugleich auch die vermeintlich »Geliebten«. Denn sie müssen sich als »liebenswert« erweisen, um die Zuwendung zu erlangen, die ihnen eigentlich voraussetzungslos gelten sollte. Sie müssen sich »liebenswürdig« verhalten, um die Aufwertung zu erfahren, die sie doch unbedingt auf ihre eigene Person beziehen wollen.

Demgegenüber gewinnen Menschen Zuversicht, Sicherheit und Glück aus Beziehungen, in denen sie sich bedingungslos und umfassend geliebt und anerkannt wissen. Wenn sie erleben, dass sie sich nicht erst durch ihr Verhalten als »liebenswert« erweisen müssen, um Zuwendung zu empfangen, werden sie davon frei, sich nur von ihren Leistungen her zu verstehen und sich von ihren Erfolgen abhängig zu machen. Es gibt dann keine Voraussetzungen mehr, die sie in ihrem Leben zuerst erfüllen müssen, um Anerkennung und Liebe zu gewinnen, sondern die Liebe selbst wird zur heilsamen Voraussetzung und Grundlage ihres Lebens. Das »eigentliche« Lebensglück steht dann nicht länger in eine unbestimmte Zukunft hinein aus, sondern es kann hier und jetzt gewonnen und gestaltet werden. Auf diese Weise müssen sie nicht fortwährend der Anerkennung nachjagen und ständig neue Bedingungen erfüllen, von denen sie ihr Glück und Heil abhängig machen, sondern sie können in der Gegenwart anfangen zu sein. Die Erfahrung einer nicht konditionierten Liebe befreit von der Not eines ständig konditionierten Lebens. Denn nur die Liebe kann den Menschen eindeutig und glaubhaft vermitteln, dass sie einzigartig und bedeutsam sind.

Wenn Menschen erleben, dass die Liebe eines anderen nicht nur ihren »liebenswerten« Seiten, sondern *ihnen selbst* umfassend gilt, bekommen sie den Mut, sich zunehmend auch mit ihren Schattenseiten, Schwächen und Ängsten auseinanderzusetzen und sich so zu sehen, wie sie wirklich sind. Sie müssen nicht länger fürchten, die Zuneigung durch ihre Wahrhaftigkeit und Offenheit wieder zu verlieren. Im Gegenteil, weil *sie* geliebt werden und nicht nur die Rollen, die sie spielen, kann es die Beziehung nur vertiefen, wenn sie dem anderen und sich selbst nicht länger etwas vormachen, sondern ehrlich werden. Wie viel Energie und Lebenskraft wird allein schon dadurch frei, dass Geliebte sich nicht mehr ständig beweisen und legitimieren müssen. Wie viel Last und Zwang fallen ab, wenn sie in ihrer Beziehungsgewissheit nicht mehr allen zu gefallen brauchen und nicht mehr um jeden Preis wichtiger und besser als andere sein müssen. Wie viele Zeitvertreibe und Eigenarten, Vorstellungen und Handlungen erübrigen sich zunehmend, wenn das Bewusstsein der Vollwertigkeit durch echte Zuneigung geschenkt wird und nicht mehr ersatzweise erzeugt werden muss.

Folglich bewirkt gerade die Liebe, die den anderen bejaht, wie er ist, dass er sich verändert. Die unbedingte Annahme bringt ihn dahin, dass er der Liebe zunehmend auch durch sein eigenes Verhalten entsprechen kann. So ist nichts überwältigender und heilsamer als die Erfahrung uneingeschränkter Liebe. Sie ist – gerade indem sie voraussetzungslos und bedingungslos gilt – so folgenreich und prägend wie kein anderes Erleben.

Ob in der geschenkweisen Rechtfertigung des Gottlosen aufgrund des Glaubens nach Paulus (Röm 3,21 – 4,25) oder in der unbedingten und lebensverändernden Zuwendung Jesu zu den Sündern, den Kranken und Belasteten nach den Evangelien – Inhalt des Evangeliums ist jeweils die Zusage, dass Gott in dem Wirken, Sterben und Auferstehen Jesu Christi seine voraussetzungslose und bedingungslose Liebe erwiesen hat, die für die Glaubenden bleibende Grundlage und prägende Orientierung ihres gesamten Lebens und all ihrer personalen Beziehungen werden kann.

LEBEN IM HIER UND JETZT

Als Johannes der Täufer in seiner Gefangenschaft Jesus zweifelnd fragen lässt:»Bist du es, der da kommen soll, oder sollen wir auf einen andern warten?«, lässt dieser ihm berichten, was hier und jetzt zu hören und bereits gegenwärtig zu sehen ist:»Blinde sehen und Lahme gehen, Aussätzige werden rein und Taube hören, Tote stehen auf, und Armen wird das Evangelium gepredigt« (Mt 11,2-6; vgl. Lk 7,18-23). Gottes heilsame Herrschaft ist in ihm bereits wirksam, und das verheißene Kommen Gottes als Erlöser und Retter hat sich in Jesu Kommen schon ereignet.

Diese Gewissheit des bereits gegenwärtigen Heils kommt im Johannesevangelium darin zum Ausdruck, dass das ewige Leben nicht nur von der Zukunft erhofft und im Glauben als gewiss erwartet wird, sondern für die Glaubenden bereits gegenwärtig angebrochen ist.»Wer mein Wort hört und glaubt dem, der mich gesandt hat, der hat das ewige Leben und kommt nicht in das Gericht, sondern er ist vom Tode zum Leben hindurchgedrungen« (Joh 5,24). Wer an Jesus als den Sohn Gottes glaubt, der ist von Gott selbst neu gezeugt und aus seinem Geist neu geboren worden (Joh 1,12 f.; 3,3 ff.). Wo Jesus selbst als das Leben und die Auferstehung in Person erkannt wird, hat der an ihn Glaubende schon hier und jetzt auch an seiner Auferstehungswirklichkeit und seinem ewigen Leben teil: »Ich bin die Auferstehung und das Leben. Wer an mich glaubt, der wird leben, auch wenn er stirbt; und wer da lebt und glaubt an mich, der wird nimmermehr sterben« (Joh 11,25 f.). Kann man das Gesunden durch den Glauben und im Glauben noch eindrücklicher zum Ausdruck bringen als mit dem gegenwärtigen Beginn des ewigen Lebens, mit der völlig neuen Geburt des Menschen und mit seiner bleibend gültigen Auferstehung von den Toten im Hier und Jetzt des Glaubens an Christus?[32]

Paulus schließlich bringt die Gewissheit des heilsamen Neuanfangs Gottes mit seinen Menschen darin zur Geltung, dass er für die an den Gekreuzigten und Auferstandenen Glaubenden schon Gottes endzeitliche neue Schöpfung angebrochen sieht: »Ist jemand in Christus, so ist er eine neue Kreatur; das Alte ist vergangen, siehe, Neues ist geworden« (2. Kor 5,17; vgl. Gal 6,15). Schon gegenwärtig haben die Glaubenden nicht nur an der heilsamen und versöhnenden Wirksamkeit des Kreuzes Jesu Christi teil, sondern zugleich auch schon an ihm als dem zum Leben Auferstandenen, der fortan in ihnen wohnt (Röm 6,1-13; 8,1-17; Gal 2,19 f.).[33]

Dennoch wissen die vier Evangelisten wie vor allem auch der Apostel Paulus von einem einschneidenden »Noch nicht« und einem der Erfahrung noch entzogenen »Dort und Dann« des Heils und der endgültigen Rettung und Erlösung. Dieser Vorbehalt betrifft bei Paulus nicht die Gewissheit des Heils und der im Glauben zugesprochenen Versöhnung und Rechtfertigung; sie betrifft auch weniger, als wir heute denken würden, die Freiheit von dem Rechtsanspruch der Sünde und all dem, was Leben und Liebe verhindert. Denn in Christus – d. h. aufgrund seiner Stellvertretung und in Gemeinschaft mit ihm – haben die Glaubenden nach Paulus bereits Anteil an der Freiheit Christi, für Gott und mit ihm zu leben (Röm 6,1 – 8,17; Gal 2,15 – 5,26).[34] Der große Vorbehalt der Erlösung betrifft vielmehr die Vergänglichkeit der jetzigen leiblichen Existenz. Denn Paulus geht weder von der Unsterblichkeit des irdischen Leibes aus noch auch nur von der Unsterblichkeit der Seele.

Auch die Gläubigen sehnen sich noch seufzend mit der vergänglichen nicht menschlichen Kreatur nach ihrer endgültigen Erlösung von der Vergänglichkeit, der sie noch unterworfen sind und unter der sie körperlich und seelisch noch leiden müssen (Röm 8,18-27). Die Gläubigen wissen und leiden, dass sie noch nicht leibhaftig bei ihrem Herrn sind, sondern noch außerhalb ihrer göttlichen, endgültigen Existenzweise. Sie sind noch nicht da, wo ihre Staatsbürgerschaft und Heimat ist (Phil 3,20). Sie sind noch nicht »zu Hause«, sondern wohnen noch in der »Fremde«, sie haben noch nicht ihre endgültige »Wohnung« und sind noch nicht mit ihrer ewigen Identität »überkleidet« (2. Kor 5,1-10). Sosehr ihr »innerer Mensch« in Christus von Tag zu Tag erneuert wird, gesundet, wächst und sich zum Leben entfaltet, sosehr gilt doch für ihren »äußeren Menschen«, dass er auch bei ihnen allmählich verfällt und nach wie vor der Sterblichkeit unterliegt (2. Kor 4,16). Deshalb bedürfen auch die Gläubigen bei der Ankunft ihres Herrn der endgültigen Verwandlung in die himmlische, von Gott neu geschaffene Leiblichkeit, die keine Vergänglichkeit, keine Krankheit und keinen Tod mehr kennt (1. Thess 4,13-18; 1. Kor 15,1-58).[35]

MEINE GNADE REICHT FÜR DICH AUS!

Sosehr wir das Gesunden durch den Glauben und im Glauben im Neuen Testament also breit bezeugt finden, sosehr stoßen wir hinsichtlich der leiblichen Dimension in unserer hiesigen irdischen Existenz an eine grundsätzliche Grenze, die wohl von Gott durch Neuschöpfung und leibliche Auferstehung überwunden wird, nicht aber durch menschliche Möglichkeiten der Selbstentfaltung, Selbstüberwindung und eigenen Lebensgestaltung. Auch hier mag nochmals Paulus als Beispiel dienen, der – wie wir sahen – durchaus als Apostel die geistliche Gabe hatte, im Namen Christi andere Menschen gesund zu machen (Röm 15,18 f.; 2. Kor 12,12).

Wie er gegenüber den zu Schwärmerei und unrealistischer Wirklichkeitswahrnehmung neigenden Korinthern mitteilt, litt er selbst unter einer existenziellen und ihn in Leben und Dienst bestimmenden Einschränkung. Bildhaft umschreibt er sein Leiden mit einem »Pfahl im Fleisch«, der ihn wie ein

»Stachel«, ein »Dorn« im Fuß bei jedem Schritt schmerzt
(2. Kor 12,7). Wir wissen nicht, ob Paulus hier von einer
körperlichen Krankheit oder seelischen Not spricht. Gewiss
ist von der Antwort Christi her nur, dass es sich nicht um
eine »Sünde« – d. h. etwas von Christus und seiner Gemeinschaft Trennendes – handeln wird. Wir brauchen auch die
Spekulationen nicht aufzunehmen, ob Paulus wohl an einem
Augenleiden (vgl. Gal 4,15), an Migräne, an Epilepsie oder
Depression gelitten haben mag. Der »Stachel« steht in jedem
Fall für eine gesundheitliche Begrenzung oder Schwachheit,
um deren Überwindung willen er Christus drei Mal – d. h.
ausführlich und nachdrücklich – gebeten hatte (V. 8).

Obwohl durch seine geistliche »Gabe, gesund zu machen«
viele andere Menschen geheilt wurden, antwortet Christus
dem Apostel selbst ganz anders, als wir es von unseren bisherigen Erkenntnissen her erwarten mögen: »Meine Gnade
reicht für dich aus – du brauchst nichts weiter als meine
Gnade, denn (meine) Kraft ist in der Schwachheit vollendet –
und kommt in der Schwachheit an ihr Ziel!« (2. Kor 12,9).
Während wir die eher bescheidende Übersetzung: »Lass dir
an meiner Gnade genügen!«, in Erinnerung haben mögen,
spricht Christus dem Apostel nach dem Grundtext positiv
das volle Genügen seiner gnädigen Zuwendung und Liebe
zu. Gegenüber den Korinthern, die sich ihrer Gaben, Stärken
und Erfolge rühmen wollen, zieht Paulus aus dieser Zusage
seines Herrn die überraschende Konsequenz: »So will ich
mich nun sehr gerne umso mehr meiner Schwachheit ›rühmen‹, damit die Kraft Christi bei mir wohne. Deshalb bin
ich zufrieden und bejahe meine Schwachheiten – die Miss-
handlungen, die Nöte, die Verfolgungen und Bedrängnisse

um Christi willen; denn wenn ich schwach bin, dann bin ich stark« (2. Kor 12,9 f.).[36]

DIE STÄRKE DER SCHWACHHEIT

Zu welchem Schluss kommen wir auf dem Hintergrund dieses Spannungsbogens des neutestamentlichen Zeugnisses und im Hinblick auf unsere aktuellen Auseinandersetzungen über die Geistesgaben und die Gabe zu heilen im Speziellen? Es ist gewiss verständlich, wenn wir als Glaubende so vom Glauben reden, dass vor allem die positiven und eindrücklichen Seiten unserer neuen Existenz zur Geltung kommen. Allerdings sollten wir nicht – im missionarischen Überschwang – den Eindruck erwecken, als wären mit dem Glauben alle menschlichen Probleme wie von selbst gelöst. Denn wenn wir in der gut gemeinten Absicht, Hoffnung und Interesse zu wecken, durch unsere einseitige Darstellung nur Illusionen und falsche Erwartungen auslösen, haben wir unserem Gegenüber und dem Evangelium einen schlechten Dienst erwiesen.

Die Illusion ist nämlich selten die Vorstufe zur berechtigten Hoffnung, sondern in aller Regel gerade ihr Gegenteil. Der Gegensatz ist deshalb so tief, weil die Illusion aufgrund ihrer unrealistischen Voraussetzungen nicht zu ihrer Erfüllung, sondern ausschließlich zu ihrem Ende und ihrer Auflösung kommen kann. Auf das schmerzliche Ende unserer »Täuschungen« aber reagieren wir erfahrungsgemäß nicht mit Zuversicht, sondern eben mit »Enttäuschung« – d. h. zunächst mit Hoffnungslosigkeit.

Insofern ist es naheliegend, von unserer Hoffnung nicht nur im Zusammenhang der Stärke und des Erfolges zu sprechen, sondern genauso – wenn nicht um der Eindeutigkeit willen sogar: vor allem – unter Hinweis auf unsere Schwachheit und unsere menschlichen Grenzen. Natürlich fällt es uns viel leichter, das hervorzuheben, was neben dem Evangelium – ganz nebenbei und unverfänglich – auch uns als Zeugen noch in einem günstigen Licht erscheinen lässt. Doch entpuppt sich unsere Schwäche, immer stark sein zu wollen, gerade auf diesem Hintergrund als eine wirklich »unrühmliche« Schwachheit.

Was einen zuverlässigen Zeugen ausmacht, ist allein seine Wahrhaftigkeit und Offenheit – und nicht etwa die Fähigkeit, sich selbst ins rechte Licht zu rücken. So lenken wir durch vorgespieltes Glück und demonstrierte Stärke nicht nur in unzulässiger Weise von der Sache ab, sondern verdrehen geradezu das eigentliche Anliegen des Glaubens. Das Evangelium gibt ja nicht darüber Auskunft, wie Menschen sich endlich den unheilvollen Wunsch erfüllen können, selbst so zu sein »wie Gott« (1. Mose 3,5), sondern es verkündet uns, dass wir in der Gemeinschaft mit dem einen Gott zu wirklich »menschlichen Menschen« werden können. Denn wenn wir Gott – und ihn allein – in unserem Leben Gott sein lassen, werden wir frei davon, auf Kosten anderer und zum eigenen Schaden etwas zu spielen, was wir gar nicht sind. Indem wir uns nicht ständig nur an unserer Begrenztheit stoßen müssen, sondern die Möglichkeiten kennenlernen, die innerhalb unserer Grenzen liegen, entfalten wir erst unsere wahre Stärke, die sich nicht zuletzt im reifen Umgang mit der eigenen Schwachheit äußert.

Entsprechend darf es uns nicht wundern, dass uns Gott nicht unterstützt, wenn wir den Glauben lediglich als eine neue Form unseres alten »Feigenblattes« (1. Mose 3,7-11) in das gewohnte Leben einbeziehen wollen. Gott kann unsere Gebete nicht erhören, wenn es bei unseren Bitten letztlich darum geht, dass wir allein und ohne ihn das werden wollen, was wir gerade in Gemeinschaft mit ihm – im »Wir« des Glaubens – leben und erleben sollen.

Wenn wir jedoch verstehen, dass es Gott in seiner Liebe nicht um unsere Stärke und unsere Leistungen, sondern um uns selbst geht, und wenn wir erkennen, dass Christus nicht nur durch unsere Fähigkeiten und Gaben, sondern durch *uns* – in unserem Angewiesensein auf Liebe – wirken will, erfahren wir eine ganz neue Stärke, die nirgends eindeutiger zu greifen ist als in unserer Schwachheit. Denn Christus spricht zu seinem Apostel wie zu jedem an ihn Glaubenden bis heute: »Meine Gnade reicht für dich aus – du brauchst nichts weiter als meine Gnade, denn meine Kraft ist in der Schwachheit vollendet – und kommt in der Schwachheit an ihr Ziel!« (2. Kor 12,9).

GETRÖSTET, UM ZU TRÖSTEN

Damit sind wir abschließend an dem Punkt, an dem sich die Frage nach dem Verhältnis von Glaube und Gesundheit noch einmal in eine ganz neue Richtung wendet. Ja, es stimmt, dass Menschen durch das Wirken Jesu und in der Zeit der frühen Kirche auch psychisch und leiblich bereits in diesem Leben von schweren Krankheiten geheilt wurden.

Andererseits waren sich gerade die ersten Christen in ihrer Situation der Verfolgung und der äußeren Schwierigkeiten ihrer Vergänglichkeit und Schwachheit sehr bewusst. Für sie fing das »ewige Leben« sehr wohl schon in der gegenwärtigen Gottesbeziehung und christlichen Gemeinschaft an, es ging aber nicht in diesem irdischen Leben auf. Sie litten in der Kreuzesnachfolge Jesu nicht nur *trotz* ihres Glaubens, sondern oft gerade auch *wegen* ihres konsequent bekannten und gelebten Glaubens.

Für den an Gottes Liebe und Christi Zuwendung und Lebenshingabe orientierten Glauben geht es somit immer weniger um die Frage der eigenen Erfahrung, Gesundheit und Bestätigung als vielmehr um die, wie dieser Glaube für andere erfahrbar werden kann. Neben dem berechtigten Wunsch nach eigenem Wohlergehen und Erstarken wächst zunehmend das Anliegen, andere an der Realität des Glaubens und vor allem des Geglaubten teilhaben zu lassen.

Ein starker und gesunder Glaube zeigt sich dann nicht am kraftvollen und selbstbewussten Auftreten, sondern in der Fähigkeit, sich Schwachen zuzuwenden, ohne sie zu erniedrigen, auf Fragende einzugehen, ohne sie zu belehren, Zweifelnde zu begleiten, ohne ihnen die eigenen Lösungen aufzuzwingen, Hilflosen so zu helfen, dass sie nicht noch hilfloser werden, Unsichere zu ermutigen, ohne ihnen ihre eigene Verantwortung abzunehmen. Kurzum, die Stärke des Glaubens erweist sich in der Fähigkeit, mit der Schwachheit anderer verantwortlich und liebevoll umzugehen. Denn wir werden selbst getröstet, damit wir andere trösten können. Unsere eingestandene Schwachheit ist nicht nur ein Mangel, sondern zugleich die Voraussetzung, andere zu stärken. Vielleicht ist die Fähigkeit, sich selbst anderen und ihren Bedürfnissen und Nöten zuzuwenden und auch sie »mit den Augen Gottes« zu sehen, überhaupt die schönste Erfahrung des *Gesundens im Glauben*, die wir schon hier und jetzt machen können. – »Gelobt sei Gott, der Vater unseres Herrn Jesus Christus, der Vater der Barmherzigkeit und Gott allen Trostes, der uns tröstet in aller unserer Trübsal, damit wir auch trösten können, die in allerlei Trübsal sind, mit dem Trost, mit dem wir selber getröstet werden von Gott« (2. Kor 1,3 f.).

DAS WORT VOM KREUZ I
ER TRUG UNSERE KRANKHEIT[37]

Es lässt sich historisch kaum bestreiten, dass Jesus von Nazareth um das Jahr 30 n. Chr. durch die Hand der Römer bei Jerusalem gekreuzigt wurde. Zu eindeutig sind die Belege, zu vielfältig die Zeugnisse. Streiten mag man über die näheren Umstände seiner Hinrichtung und den Anteil der jüdischen und der römischen Autoritäten an seiner Verurteilung. Aber dass Jesus ans Kreuz geschlagen und gewaltsam getötet wurde, kann als historisches Faktum gelten.

Schwieriger wird es, wenn man dieses historische Ereignis nach seinem Sinn befragt – nach dem »Warum?« Denn der »Sinn« einer Sache erschließt sich nur im Zusammenhang. Weshalb etwas nicht »Wahnsinn«, sondern dennoch »sinnvoll« war, offenbart sich erst vom Ende her.

ES KANN NICHT ÜBERRASCHEN

So kann es nicht überraschen, dass nicht einmal die Frauen und Männer, die Jesus von Galiläa an begleitet hatten, das Kreuzesgeschehen von sich aus deuten konnten. Die einen erlitten das Sterben Jesu in Verzweiflung, die anderen flohen schockiert. Sinnstiftend und erhellend waren für sie nach allen Zeugnissen erst die Ereignisse seit dem Ostermorgen. Durch diese wurde nicht nur das Grab Jesu geöffnet, sondern zugleich auch Augen und Einsicht der Menschen, die fortan als Zeugen seiner Auferstehung den Gekreuzigten verkündigten.

ES GIBT ZWEI MÖGLICHKEITEN, DEN KREUZESTOD ZU VERSTEHEN

Seitdem gibt es beim Verständnis des Kreuzestodes Jesu zwei Möglichkeiten: Entweder man fragt nach dem Sterben Jesu unter Absehung der Realität seiner Auferstehung oder man versucht, das Zeugnis der frühen Christen gedanklich unter der Voraussetzung ihrer Auferstehungserkenntnis nachzuvollziehen. Beide Wege kann man gehen, man muss sie nur klar unterscheiden. Die meisten Verständnisprobleme unserer heutigen Debatte über das Kreuzesgeschehen rühren von der Vermischung der beiden Ebenen her.

»Musste Jesus sterben, um den himmlischen Vater mit der Welt zu versöhnen? Hat Gott ein Menschenopfer gefordert, wollte er Blut sehen, um von seiner Feindschaft ablassen zu können? Sollte man das frühchristliche Sühneverständnis und Opferdenken heute nicht endgültig aufgeben?« – Mit all diesen, häufig gestellten Fragen werden die Konsequenzen der neutestamentlichen Kreuzestheologie verkannt, weil die Voraussetzungen ihrer Auferstehungserkenntnis ausgeblendet werden.

Was sind die Grundlagen einer Kreuzestheologie, wie sie sich bereits in den ältesten frühchristlichen Schriften, Mitte des 1. Jahrhunderts n. Chr., entfaltet findet?

MENSCHEN HABEN JESUS GETÖTET

Menschen haben Jesus getötet – Gott aber hat ihn auferweckt!« Mit dieser Kontrastaussage halten die ersten

Christen ihre Grundeinsicht fest. Gott hat Jesus in Wahrheit weder verworfen noch im Stich gelassen – das taten Menschen. Er hat sich mit der Auferweckung Jesu vielmehr zu ihm gestellt und ihm recht gegeben. Der Anspruch des Redens und Wirkens Jesu, seine Zuwendung zu den Sündern und seine vollmächtige Verkündigung der heilsamen Gottesnähe werden durch die Auferstehung des Gekreuzigten überwältigend bestätigt. Damit erscheint das Kreuz nicht länger als das Scheitern, sondern als die Vollendung des hingebungsvollen Weges Jesu. Als Gotteslästerer erweisen sich plötzlich die Menschen, die ihn verfolgt und gekreuzigt haben, nicht etwa Jesus, der Gott seinen Vater nannte.

GOTT BEWIRKT DIE VERSÖHNUNG

Mit der Auferstehungserkenntnis ist das Erkennen der Person Jesus Christus verbunden. Was eigentlich schon an dem Wirken und den Worten Jesu erkennbar gewesen wäre, wurde jetzt für die Auferstehungszeugen endgültig offenbar: Jesus ist nicht als ein normaler sterblicher Mensch zu verstehen, sondern steht den übrigen Menschen in unvergleichlicher Weise gegenüber. Er ist der »einzigartige Sohn Gottes« und »Herr«! Alles, was im Neuen Testament zur umfassenden Versöhnung der ganzen Welt durch das Kreuzesgeschehen entfaltet wird, setzt diese Einmaligkeit Jesu Christi voraus. Nicht ein beliebiges *Kreuz an sich* hätte diese Heilsbedeutung – es gab bei den Römern Tausende davon! Auch nicht das Kreuz eines *normalen Menschen* Jesus von Nazareth könnte eine so weitreichende Bedeutung haben. Erkennt man aber mit den ersten Christen in dem Gekreuzigten den Sohn Gottes, fallen entscheidende neuzeitliche Bedenken gegen eine »Sühnetheologie« bereits in sich zusammen. Die Kreuzestheologie setzt kein von Gott gefordertes »Menschenopfer« voraus – das war schon im Alten Testament grundsätzlich verboten! Sie erweist vielmehr die Sinn- und Nutzlosigkeit aller menschlichen Opfer. In Christus bewirkt nicht ein Mensch die Versöhnung Gottes, sondern Gott die Versöhnung der Menschen!

DAS GEHEIMNIS DES KREUZES

Wie die Auferstehung Jesu das Geheimnis seiner Person erhellt, so offenbart die Tatsache der Auferweckung durch Gott das Wesen seines himmlischen Vaters. Handelnder und Urheber der Sendung Jesu und des Versöhnungsgeschehens in Kreuz und Auferstehung ist Gott selbst, der Vater, in seinem Sohn: »Aber das alles von Gott, der uns mit sich selber versöhnt hat durch Christus ... Denn Gott war in Christus und versöhnte die Welt mit sich selber ...« (2. Kor 5,18 f.). Weder wird hier vorausgesetzt, dass (a) Christus *den Vater* durch sein Opfer versöhnen musste, noch wird gesagt, dass (b) *Gott sich selbst* in Christus mit der Welt versöhnt hat, sondern allein, dass (c) Gott in Gestalt seines Sohnes die ihm gegenüber feindlich eingestellte *Welt* versöhnt hat. Die Welt war Feind Gottes, während Gott die Welt bereits liebte. Nicht Gott hatte ein Problem, sondern die Welt. Nicht Gott musste sich im Versöhnungsgeschehen verändern, sondern die Menschen. Christus musste nicht wegen Gott sterben, sondern infolge der menschlichen Sünde als der lebensgefährdenden Beziehungsstörung gegenüber Gott und den Menschen. Was den Tod brachte, war und ist die Trennung von Gott, dem Leben und der Liebe, die Trennung von der Beziehung, die das Leben begründet. Denn der Tod ist die unausweichliche letzte Konsequenz der Sünde als der Trennung vom Leben, »denn der *Sünde* Sold ist der *Tod;* die Gabe *Gottes* aber ist das *ewige Leben* in Christus Jesus, unserem Herrn« (Röm 6,23). Das Geheimnis des Kreuzes ist, dass Gott selbst die Konsequenzen dieser menschlichen Entfremdung und Trennung vom Leben auf sich genommen hat, um die so mit ihm Versöhnten neu an seinem Leben teilhaben zu lassen.

KEIN OPFER VON MENSCHEN

Es geht also bei der Kreuzestheologie gerade nicht um die verbreitete Vorstellung, dass Menschen ein Opfer bringen, damit die abweisende Gottheit besänftigt und umgestimmt wird. Im Gegenteil! Die Lebenshingabe Jesu bis ans Kreuz wird als Ausdruck der voraussetzungslosen und vorausgehenden Liebe Gottes zu den Menschen erkannt und bekannt (Röm 5,8; Eph 2,4 ff.; Joh 3,16). Das Kreuz Jesu wird zum »Erkenntnisgrund« der Liebe und Zuwendung Gottes – sowohl der Liebe des Vaters wie der des Sohnes. Christus gab sich selbst, *weil* Gott die Welt so sehr liebte, nicht *damit* er sie erst als Folge des Kreuzesgeschehens liebte. Es handelt sich bei dem Wort vom Kreuz um eine »nicht konditionierte Zuwendung« und »unbedingte Annahme«. Insofern ist das Kreuz gewiss der Realgrund – d.h. der Seinsgrund *(ratio essendi)* – unseres Heils, aber der Erkenntnis-grund *(ratio cognoscendi)* der schon zuvor vorhandenen und im Kreuzesgeschehen erwiesenen Liebe Gottes.

Viele Verständnisprobleme entstehen heute dadurch, dass die frühchristliche Rede von Gott als »Vater« und »Sohn« als die vermenschlichende Vorstellung von zwei Göttern missgedeutet wird. Wie es spätere Bekenntnisse ausführlich beschreiben, setzen die frühen Christen als geborene Juden selbstverständlich das »Einssein« des Gottes voraus, der sich als »Vater« und als »Sohn« offenbart. Dieser *eine* Gott und Herr hat die Überwindung der menschlichen Beziehungsstö-rung nun gerade nicht auf andere abgeschoben, sondern in Gestalt des Sohnes selbst auf sich genommen.

DAS KREUZ ALS ABLÖSUNG ALLER OPFER

Damit ergibt sich aber eine gerade für Kritiker entschei-dende Einsicht: Die Lebenshingabe des Sohnes Gottes wird als endgültige Ablösung und Erübrigung aller kulti-schen Opfer und zwischenmenschlichen Konfliktlösungen nach dem Muster des »Sündenbocks« oder »menschlichen Opfers« verstanden. Die Kreuzestheologie ist kein Rückfall in archaische Kult- und Opfervorstellungen, sondern deren wirksame und endgültige Überwindung! Dies gilt einerseits in kultischer Hinsicht: Das Abendmahl wird gerade nicht als Wiederholung des Sühnetodes Jesu und neue Opferhandlung verstanden, sondern als Gedenken und Teilhabe an dem »ein für alle Mal« geschehenen Handeln Gottes. Dies gilt dann aber auch für das zwischenmenschliche Verhalten: Wer sich am Gekreuzigten orientiert, der will Konflikte nicht mehr durch »Verdrängung«, »Abwehr« und »Übertragung« von Schuld auf andere lösen, die er zum »Sündenbock« macht. Der andere wird als jemand erkannt und anerkannt, für den Jesus bereit war, sein Leben einzusetzen.

ES IST EINE HEILSAME BEFREIUNG

Was historisch innerhalb von wenigen Jahren folgte, war die gedankliche Durchdringung und begriffliche Entfaltung des Kreuzesgeschehens mithilfe von vielfältigen Traditionen – speziell aus dem alttestamentlich-jüdischen Umfeld. Womit sollte man Unvergleichliches vergleichen? Wie sollte man Unbegreifliches auf den Begriff bringen? Keine der bestehenden Überlieferungen reichte für sich genommen aus, um das Einmalige und Neue umfassend zur Geltung zu bringen. Aber mithilfe vielfacher Motive und Begriffe gewann das Wort vom Kreuz in kürzester Zeit seine Sprachgestalt. Schon die neutestamentlichen Schriften setzen fest geprägte Formulierungen und Bekenntnisse voraus. – So kann das Geheimnis des Kreuzesgeschehens als »Freikauf« und »Befreiung« aus der Sklaverei beschrieben werden oder als »Erlösung«, wie sie einst Israel bei der »Errettung« aus Ägypten erfahren hat. Die Lebenshingabe Jesu kann im Gleichnis vom sterbenden und fruchtbringenden Weizenkorn verdeutlicht werden oder mit dem Lebenseinsatz für Freunde als äußerstem Liebeserweis. Christi stellvertretendes Leiden und Sterben wird im Licht des Gottesknechtsliedes von Jesaja 53 oder der Passatradition verstanden. Der Gekreuzigte wird als der wahre Hohepriester erkannt, der gerade durch sein Mitleiden die Menschen versteht und für sie einstehen kann. Was alle diese verschiedenen Motive miteinander verbindet, ist die Erkenntnis, dass das an sich rätselhafte Geschehen der Kreuzigung des Gottessohnes durch Menschen sich dank der Weisheit Gottes als ein Geschehen »für uns« – d. h. »zu unseren Gunsten« und »an unserer Stelle« erwies: »Fürwahr, er trug unsre Krankheit und lud auf sich unsre Schmerzen. Wir aber hielten ihn für den, der geplagt und von Gott geschlagen und gemartert wäre. Aber er ist um unsrer Missetat willen verwundet und um unsrer Sünde willen zerschlagen. Die Strafe liegt auf ihm, auf dass wir Frieden hätten, und durch seine Wunden sind wir geheilt« (Jes 53,4 f.).

WAS MEINT SÜHNE?

D as umfassendste Verständnis des Kreuzesgeschehens ist aber zweifellos in der Tradition zu sehen, die in der heutigen Debatte am umstrittensten ist: Der Beschreibung des Sterbens Jesu als Sühnegeschehen. Dabei liegt das Hauptproblem in unserer heutigen Verwendung des Begriffs »Sühne«, bei dem wir vorrangig an Wiedergutmachung im Sinne von »Ausgleichsleistung«, »Strafe« und »Buße« denken. Die biblische Rede von der »Sühne« meint im Gegensatz dazu das Ereignis der Vergebung und Versöhnung, der Heiligung und Neuschöpfung des Menschen durch Gott. Sühne bezeichnet die heilvolle Wiederherstellung der Gemeinschaft und die Neueröffnung der Gottesbeziehung. Sühne ist – so verstanden – kein »Strafleiden«, sondern die Gabe des neuen Lebens jenseits der todbringenden Trennung. In Christus – d. h. aufgrund seiner Stellvertretung und in seiner Gemeinschaft – können die an ihn Glaubenden gewiss sein, dass sie nichts und niemand mehr von Gottes Liebe trennen kann. Auch erklärt sich die – für viele irritierende – Rede vom »Blut« Christi[38] nicht etwa von der Todesart der Kreuzigung her, sondern auf dem Hintergrund der biblischen Sühnetradition: »Den hat Gott für den Glauben hingestellt als Sühneort in seinem Blut zum Erweis seiner Gerechtigkeit, indem er die Sünden vergibt« (Röm 3,25). »Blut« steht hier für das hingegebene Leben, weil das Leben im Blut enthalten ist.[39] Wenn die ersten Christen beim Abendmahl des »Leibes« und des »Blutes« Jesu gedachten und mit Brot und Wein ihn selbst in ihr Leben aufnahmen, dann waren sie nicht von düsteren Gedanken bestimmt, sondern von der Freude über Gottes leibhaftige Zuwendung und Hingabe – im Leben wie im Sterben.

DAS KREUZ IST HEILS-NOTWENDIG

Kommen wir auf unsere anfängliche Unterscheidung zurück: Beansprucht die christliche Kreuzestheologie für sich, entsprechend menschlicher Vernunft »denknotwendig« zu sein? Nein! Aber indem Gott den von Menschen zu Unrecht Gekreuzigten am dritten Tage auferweckt hat, erweist sich das Kreuzesgeschehen in seinem Gesamtzusammenhang als »*heils*notwendig«. Nach Gottes Weisheit hat das menschlich gesehen sinnlose, ja wahnsinnige Ereignis der Hinrichtung des Gottessohnes durch Menschen einen

Sinn, den Menschen ihm weder geben noch von sich aus in ihm erkennen könnten. »Denn das Wort vom Kreuz ist eine Torheit denen, die verloren werden; uns aber, die wir selig werden, ist's eine Gotteskraft (1. Kor 1,18).[40]

Theoretisch kann man die Frage bedenken, ob es denn für Gott keinen anderen Weg hätte geben können, die Welt zu versöhnen, als ausgerechnet durch seine eigene Menschwerdung und Lebenshingabe bis ans Kreuz. Sie bleibt aber spekulativ. Die ersten Kreuzestheologen verstanden sich nicht als *Vor*denker des Gekreuzigten – sie dachten den Worten des Auferstandenen *nach*. Das Wort vom auferstandenen Gekreuzigten macht nachdenklich!

DAS WORT VOM KREUZ II
DURCH SEINE WUNDEN SIND WIR GEHEILT
EIN INTERVIEW ZUM STERBEN JESU[41]

Warum musste Jesus Christus sterben?

D ie »historische« Antwort lautet: Jesus starb, weil ihn
Menschen ablehnten, verurteilten und ans Kreuz schlu-
gen. Dies taten sie wegen seiner Verkündigung und seinem
Wirken im Namen Gottes, den er als seinen »Vater« bezeichnete. Insofern gilt die Frage des »Warum« zunächst einmal
den »Herrschern dieser Welt« (1. Kor 2,8), den Tätern – und
nicht dem Opfer. Die frühen Christen gaben die so beklem-
mende wie befreiende Antwort: »Menschen haben ihn getötet – Gott aber hat ihn auferweckt!«[42]

An vielen Stellen in Kirche und Theologie ist von stellvertre-
tendem Sühnetod die Rede. Jesus erleidet stellvertretend die
Strafe, die jeder Sünder verdient hat …

Wenn wir von »Sühne« und »Versöhnung« reden, stoßen
wir meist auf ein doppeltes Missverständnis: Erstens musste
nicht Gott versöhnt werden, sondern wir, die Menschen;
denn nicht Gott war der Welt gegenüber feindlich und ablehnend, sondern die Menschen gegenüber Gott. Und zweitens geht es bei den biblischen Aussagen von »Sühne« und
Vergebung nicht primär um Strafe, sondern um die Wiederherstellung von Gemeinschaft und Heil. Es geht um das
neue Leben jenseits der eigenen Schuld; es geht um die Auferstehung jenseits des eigenen Sterbens. Deshalb war das

Kreuzesgeschehen auch erst mit der Auferstehung von den Toten vollendet, als die Lebenshingabe Jesu in der neuen Gottesgemeinschaft an ihr Ziel kam.

Was hat der Kreuzestod nun mit Versöhnung zu tun?

Jesus ist aus Liebe und Treue zu Gott und den Menschen bereit gewesen, sogar sein Leben für die Wiederherstellung der Gemeinschaft einzusetzen. Noch wichtiger ist dem Neuen Testament aber die Erkenntnis, dass Christus nicht sterben musste, *damit* uns Gott der Vater lieben kann, sondern *weil* uns Gott – der Vater und der Sohn – bereits liebt. Christus musste nicht sterben, weil Gott ein Problem hatte, sondern weil wir als Menschen ein Problem hatten, nämlich unsere Trennung von Gott als dem Leben und der Liebe. In Christus trug Gott stellvertretend für uns die Konsequenz unserer eigenen Sünde, den Tod, damit wir nun mit ihm in seinem neuen Leben leben können. Wir sind »mit Christus gekreuzigt« (Röm 6,6; Gal 2,19), damit wir jetzt auch an seinem Auferstehungsleben teilhaben. Versöhnung und Sühne bedeuten also die Vergebung, Errettung und Neuschöpfung durch das Wunder dieser Lebenshingabe Gottes für uns.

Aber hat Gott dazu nicht ein Menschenopfer gefordert?

Diese Frage hat sich den ersten Christen so nicht gestellt, weil sie erkannten, dass Jesus nicht ein »Mensch wie du und ich« war, sondern eben der Mensch gewordene Sohn Gottes. Gott hat danach gerade das Problem der menschlichen Trennung und Feindschaft nicht auf andere abgewälzt, sondern selbst auf sich genommen. In Christus bewirkt nicht ein Mensch die Versöhnung Gottes, sondern Gott die Versöhnung des Menschen! – Ich gebe zu, dass es uns schwerfällt, das »Eins-sein« Gottes zu denken, weil wir bei der Rede von »Vater und Sohn« unwillkürlich an zwei Menschen denken. Aber wir glauben nicht an »zwei Götter«, sondern an den »einen Gott und Herrn«, der sich den Menschen in Gestalt des Vaters und des Sohnes offenbart.

Kann denn das stellvertretende Sterben Jesu am Kreuz überhaupt eine solch umfassende Wirkung haben?

Damit wir uns richtig verstehen: Nach dem Neuen Testament hat nicht irgendeine Kreuzigung eine sühnende und versöhnende Wirkung, sondern nur die Kreuzigung *Jesu*. Die Römer haben Tausende Menschen durch Kreuzigung hingerichtet. Auch die Kreuzigung eines »normalen Menschen« Jesus könnte an sich diese Bedeutung nicht haben – wenn nicht *Gott selbst* in Jesu Sterben und Auferwecken gehandelt hätte. Nein, es stimmt, kein Mensch kann für andere Vergebung und stellvertretende Sühne bewirken, das kann nur Gott als Schöpfer und Herr der Welt. Deshalb bekennen die ersten Christen Jesus auch gerade im Zusammenhang von Karfreitag und Ostern als »Sohn Gottes« und »Herrn«.

Ist Opfertheologie aber nicht ohnehin antiquiert?

Wie wenig antiquiert das »Opfer*denken*« ist, können wir täglich aus den Medien entnehmen: Wie viele »Opfer« werden in Kriegen, im Verkehr und in der Arbeitswelt gebracht?

Wie häufig werden Menschen zu »Sündenböcken« gemacht, werden »Opfer« von Kriminalität? Wie oft werden gesellschaftlich Opfer gefordert, um den Volkszorn zu stillen? Das provozierend Aktuelle an der *christlichen* Opfertheologie ist, dass Gott mit seiner Zuwendung und Selbsthingabe all unseren menschlichen Opfermechanismen einen Riegel vorschiebt. Das Wort vom Kreuz durchkreuzt alle menschlichen Abwehr-, Übertragungs- und Verdrängungsmechanismen. Damit bringt es alle kultischen und gesellschaftlichen Opferrituale gerade an ihr Ende. Gott macht Schluss mit unserem zwischenmenschlichen Wahnsinn, indem er sich selbst dazwischenstellt und die Aggression auf sich nimmt.

Es gibt auch die Position, die den Kreuzestod einfach als das Scheitern eines großen Lehrers und Ethikers betrachtet …

Wieso denn »Scheitern«? Sind die alttestamentlichen Propheten, sind die Apostel Paulus und Petrus gescheitert? Wir lesen und hören ihre Lebensbotschaft doch heute noch! Was wüssten wir ohne ihre Lebenshingabe denn von Liebe und Wahrheit? Was hätten wir denn heute für eine Ethik, wenn wir einmal all die Personen außer Acht ließen, die aus Liebe für andere und um der Wahrheit willen ihr Leben eingesetzt haben? Die Zuneigung Jesu zu den Sündern und Fremden, seine Zuwendung zu den Kranken, Armen und Zerbrochenen, die Wahrheit der Bergpredigt und der Gleichnisse von Gottes Nähe wurden durch die Kreuzigung doch nicht widerlegt. Im Gegenteil, sie wurden in ihrer Tiefe und Verbindlichkeit durch Jesu Lebenshingabe bis zum Tode gerade eindrücklich bestätigt. Das Kreuzesgeschehen ist schon in sich selbst ein

überwältigendes Ereignis – wie viel mehr dann im Licht von
Ostern!

*Was bedeutet dieser Gedanke für Sie persönlich, dass einer
ans Kreuz genagelt wurde, damit Sie von Ihrer Schuld befreit
werden?*

Sie werden es schon gemerkt haben – sehr viel! Es liegt eine
unglaubliche Wertschätzung und Bedeutsamkeit in der Erkenntnis, dass sich jemand nicht nur mit etwas oder viel,
sondern mit sich selbst und seinem eigenen Leben für uns
einsetzt. Dass uns diese Liebe und Zuwendung nicht erst aufgrund unseres Wohlverhaltens zukommt, sondern so, wie wir
wirklich sind, erweist diese Liebe und Hingabe als voraussetzungslos und unbedingt. Es mag jemand die »Sühnetheologie« noch nicht in allen Einzelheiten erklären können, wenn
er aber fassen kann, dass das Leben und Sterben Jesu für
Gottes bedingungslose Treue und vergebungsbereite Liebe
zu uns stehen, hat er das Herzstück verstanden.

Kann man Kindern die Karfreitagsgeschichte zumuten?

Unter der Voraussetzung des richtigen Gottesbildes – unbedingt ja! Wenn wir freilich Gott als eine ungnädige und
feindliche menschliche Person verzeichnen wollten, die wegen ihrer eigenen Probleme ein Opfer von den Menschen
verlangt – dann wahrlich besser nicht. Das Problem des Lei-
dens, der Sterblichkeit und des Todes können und sollen wir
vor Kindern keinesfalls verdrängen. Die Grundeinsicht von
Karfreitag ist, dass wir nicht einmal in der Leiderfahrung und

Einsamkeit unseres Sterbens von Gott alleingelassen werden. Wir lernen in Christus einen Gott kennen, der auch den größten Verlust und Schmerz, sogar unsere eigene Schuld für uns getragen hat und mit uns trägt. Denn nur wenn wir uns gehalten wissen, können wir loslassen. Nur wenn wir uns über alle Vernunft geliebt wissen, können wir Unerklärliches aushalten.

Im Apostolischen Glaubensbekenntnis ist nicht ausdrücklich von einem stellvertretenden Sterben die Rede. Waren sich die Väter des Glaubens selbst unsicher?

Mit dieser Frage machen Sie auf eine überraschende Einsicht aufmerksam! Die Christen in den ersten Jahrhunderten der Bekenntnisbildung haben sich über das ausdrücklich auseinandergesetzt, was umstritten war. Was von allen und überall geglaubt wurde, bedurfte keiner ausführlichen Konzilsbeschlüsse und Verlautbarungen. Dass Kreuz und Auferstehung Jesu als Geschehen zum Heil für die Menschen verstanden werden dürfen, war unbestritten. Dies war für sie aber nur nachvollziehbar, wenn in Jesus von Nazareth Gott selbst gegenwärtig war und gehandelt hat. Deshalb heben sie die Einzigartigkeit Christi als des Sohnes Gottes und sein »Gottsein« in den Glaubensbekenntnissen so hervor – angefangen bei seiner göttlichen Herkunft über seine Menschwerdung bis hin zu seiner Erhöhung zur Rechten Gottes.[43]

VERGEBUNG DER SÜNDEN[44]
VON DER RÜCKKEHR INS WIR

Eine Auslegung der zentralen Aussagen des Glaubensbekenntnisses enthält heute so manche Herausforderung – sicherlich für die, die sie entfalten, mehr wahrscheinlich noch für die, die sie lesen. »Jungfrauengeburt«, »Auferstehung von den Toten«, »Kommen Jesu Christi, zu richten die Lebenden und die Toten« – da könnten wir annehmen, dass die Themen des dritten Glaubensartikels zum göttlichen Wirken in der *menschlichen Gemeinschaft* und im *Leben der Gläubigen* leichter nachvollziehbar sind: »Ich glaube an den Heiligen Geist ... Vergebung der Sünden!« Doch gerade uns als neuzeitlichen Menschen mag die Rede von »Sünde« und »Vergebung«, sosehr sie uns unmittelbar betrifft, noch fremder und schwieriger erscheinen als die Aussagen über Gott, den Vater, und über seinen Sohn, Jesus Christus, über die Transzendenz und die lange zurückreichende Heilsgeschichte.

EINE FRAGE DES MENSCHENBILDES

Mit unserem *neuzeitlichen Menschenbild* ist die Problematik von Sünde und Schuld bekanntermaßen nur schwer zu verbinden, sodass wir den ganzen Fragenkomplex in der Regel lieber ausblenden und – bis hinein in unsere Predigten, Gespräche und Veröffentlichungen – eher umgehen. Wie viel vertrauter erscheint uns da das »humanistische Menschenbild«, das den Menschen nicht auf seine Schuld und Sünde anspricht, sondern ihn als grundsätzlich gut und als prinzipiell lebens- und beziehungsfähig versteht? Gewiss, auch hier wird von der Notwendigkeit der menschlichen Entwicklung gesprochen, aber es geht um die Entwicklung der grundsätzlich guten eigenen Anlagen, mit denen der Mensch auf die Welt kommt. Gewiss, auch hier kommt zur Sprache, dass Menschen hinter ihren moralischen, sozialen und vernünftigen Möglichkeiten zurückbleiben mögen. Aber dies wird so gedeutet, dass sie durch die Einflüsse der sie bestimmenden Umgebung bisher an der Entfaltung ihrer eigenen Persönlichkeit gehindert und in der Unmündigkeit gehalten worden sind. Wird der Mensch »an sich« und »selbst« als grundsätzlich gut und zum Guten angelegt verstanden, so gründen seine Fehlentwicklungen vor allem in den äußeren Umständen von Erziehung, Ausbildung und Gesellschaft, die ihn von seiner natürlichen Selbst-Entfaltung bisher abgehalten haben. Von »Schuld und Versagen« ist in diesem Zusammenhang vielmehr in Hinsicht auf die gesellschaftlichen Verhältnisse zu sprechen, die der eigenen Persönlichkeitsentwicklung und der Verwirklichung des wahren »Selbst« entgegenstehen.

Doch mag unsere Verlegenheit bei dem Thema »Sünde und Vergebung« auch gerade durch das *gegenteilige* traditionelle Menschenbild bestimmt sein, das sich im Widerspruch und in Abgrenzung zur humanistischen Sicht in kirchlichen und frömmigkeitsbestimmten Zusammenhängen bis in die Gegenwart erhalten hat. Wenn der Mensch im entgegengesetzten Extrem einseitig als »Sünder« in den Blick kommt, dessen »Dichten und Trachten von Jugend auf böse ist« (vgl.

1. Mose 8,21) und der deshalb als grundsätzlich unzulänglich erscheint, dann kann aus dem Gegenüber von Gott und Mensch ein Dualismus von Gut und Böse, Licht und Finsternis, Kraft und Schwachheit, Wahrheit und Lüge werden, der den Menschen jeweils auf sein Unvermögen, seine Vergänglichkeit und Schuld reduziert. Eine Erziehung in diesem Geiste konnte es sich lange Zeit zum Ziel setzen, den Kindern den angeborenen Geist der Auflehnung auszutreiben und sie zur konsequenten Ein- und Unterordnung anzuhalten. Unter der Voraussetzug, dass das »Selbst« des Menschen als das eigentliche Problem gesehen wurde, lagen in der Unterwerfung des »Ich« und in der »Selbstverleugnung« die wahren Ziele der Persönlichkeitsentwicklung. Und wenn der eigene Wille und die Selbstständigkeit als Auflehnung verstanden wurden, dann galt es als erklärtes pädagogisches Ziel, dem Kind »den Willen zu brechen« und es mit allen Mitteln – gegebenenfalls auch mit Anwendung von körperlicher Züchtigung – zum Gehorsam gegenüber einem übergeordneten Willen anzuhalten.

Aber auch dann, wenn wir uns weder als »frömmigkeitsgeschädigt« verstehen wollen noch auch als durch humanistische Illusionen »verbildet« entschuldigen mögen, stellt sich bei dem Thema »Schuld und Vergebung« vielleicht ein gewisses Unbehagen ein. Auch in unseren Freundeskreisen, Partnerschaften und Familien kennen wir den Widerspruch zwischen unserer vernünftigen Einsicht in die Notwendigkeit von Problemgesprächen und Auseinandersetzungen und der wirklichen Bereitschaft, die Einsicht auch zur Tat werden zu lassen. So mögen wir auch zugeben, dass es sinnvoll und geboten ist, für eine notwendige Zahnbehandlung den Zahnarzt aufzusuchen, und dennoch werden wir beim Verdrängen des an sich Vernünftigen um Ausreden und Entschuldigungen nicht verlegen sein. Freilich geht es bei unserem Thema um viel mehr als nur um ein einzelnes Problem, das einen zeitweiligen Aufschub duldet. Denn das Verdrängen und Verleugnen unserer grundsätzlichen Situation und Verlegenheit würde ganz umfassende und bleibende Folgen haben. So wollen wir neu – und jenseits der skizzierten möglichen Extreme – nach dem fragen, was ursprünglich und eigentlich mit dem christlichen Bekenntnis zur »Vergebung der Sünden« gesagt und gemeint ist. Was haben wir uns eigentlich und unter Rückbesinnung auf die christlichen Quellen unter »Sünde« vorzustellen? Worin besteht ihr Wesen, ihre Faszination und Macht, und worin gründet ihr Rätsel, ihre Täuschung und ihre unheilvolle Wirkung? Worin besteht demgegenüber das Geheimnis und die Kraft der Vergebung und wie verändert und erneuert sie nun das Verhältnis des Menschen zu Gott, zu anderen Menschen und zu sich selbst?

SÜNDE ALS TRENNUNG VON GOTT ALS DEM LEBEN UND DER LIEBE

Im Allgemeinen pflegt man das als »Sünde« zu bezeichnen, was zwar verboten, aber ausgesprochen reizvoll und verlockend ist. Sünde erscheint dann als das verbotene Schöne und das untersagte Attraktive. Vielleicht denkt man auch an die Übertretung eines von Gott gegebenen Gebotes oder bestimmt Sünde als schlechtes und unmoralisches Handeln. In jedem Fall wird damit jedoch nur unzulänglich beschrieben, was aus christlicher Sicht als das entscheidende und ausschlaggebende Problem des Menschen gilt.

Vorrangig und grundsätzlich ist unter Sünde in der biblischen Tradition die *Trennung von Gott* zu verstehen, die Abwendung des Geschöpfes von seinem Schöpfer und die Absage des Menschen an den ihn liebenden Gott. Damit besteht die Sünde wesentlich in der *Isolation* des menschlichen »Ich« vom göttlichen »Du«, die als solche die personale Beziehung – also das »Wir« – zwischen Gott und Mensch ausschließt. Grundlegend für das Verständnis von Sünde und Schuld sind also der *personale* Aspekt und die Dimension der *Beziehung*. Es geht nicht primär um menschliches Verhalten und Versagen, sondern um das menschliche Verhältnis oder Nicht-Verhältnis zu Gott als dem Leben und der Liebe. Alle weiteren Aspekte der Sünde ergeben sich dann als Entfaltung und Konsequenz dieser Entfremdung und Trennung des Menschen von Gott.

Da Gott als Schöpfer alles Lebenden der Ursprung allen Lebens ist, beraubt der Mensch sich durch die Loslösung von Gott – in letzter Konsequenz – auch seines eigenen Lebens. Das gilt zunächst in dem Sinne, dass jedes menschliche Leben mit dem Sterben endet, aber auch so, dass der Mensch aufgrund seiner Sünde schon im Leben »tot« ist – nämlich in seiner Beziehung zu Gott. In diesem Zustand der Trennung von seinem wirklichen Leben verharrt er bis zu seinem absoluten und endgültigen Tod.

Da die Liebe bei Gott nicht nur eine Eigenschaft von vielen ist, sondern sein ganzes Wesen, ist er selbst Maßstab für das, was wir Liebe nennen, und ist selbst in Person *die* Liebe. Das aber hat zur Folge, dass der Mensch sich – indem er Gott und sein Wesen ablehnt – letztlich auch gegen die Liebe wendet.

73

So äußert sich die *eine Sünde,* dass der Mensch getrennt von Gott und seiner Liebe lebt, auch darin, dass er aufgrund seiner »Lieblosigkeit« anderen und sich selbst durch *viele Sünden* schadet. Wesentliches Merkmal und Erkennungszeichen jeder Sünde ist es also, dass sie von Gott trennt und Leben und echte Liebe einschränkt, gefährdet und zerstört.

Umgekehrt kann dann nur das *nicht* als Sünde gelten, was in Verantwortung vor Gott und in Gemeinschaft mit ihm geschieht und andere und uns in der Entfaltung von Leben und Liebe fördert. Dementsprechend kann etwas sehr »religiös« und »fromm« aussehen und dennoch Sünde sein, wenn es seinen Ursprung nicht in Gott hat und weder anderen noch uns zuträglich ist – und damit den Menschen in seiner Isolation von Gott und seiner Liebe noch bestärkt. Andererseits mag vieles für sich genommen gar nicht »fromm« aussehen, was für die Glaubenden aber dennoch nicht Sünde ist (Röm 14,22 f.), weil und insofern es weder Gott und seinem erklärten Willen widerspricht noch irgendjemandem schadet, sondern dankbar erlebt und in Liebe getan wird (vgl. Röm 14; 1. Kor 10,23 ff.; 1. Tim 4,3-5). Ob es um die Frage der Ehe oder Ehelosigkeit geht, ob um Fleischverzehr oder Weingenuss, ob um das Einhalten oder Nichtbeachten bestimmter Tage – in jedem Fall geht es dem Evangelium gemäß allein um die Entscheidung, ob ein Verhalten der Gottesbeziehung dient und andere und den Gläubigen selbst fördert: »Denn alles, was Gott geschaffen hat, ist gut, und nichts ist verwerflich, was mit Danksagung empfangen wird; denn es wird geheiligt durch das Wort Gottes und Gebet« (1. Tim 4,4 f.). – »Ein jeder sei in seiner Meinung gewiss. Wer auf den Tag achtet, der tut's im Blick auf den Herrn; wer isst, der isst im Blick auf den Herrn, denn er dankt Gott; und wer nicht isst, der isst im Blick auf den Herrn nicht und dankt Gott auch. Denn unser keiner lebt sich selber, und keiner stirbt sich selber. Leben wir, so leben wir dem Herrn; sterben wir, so sterben wir dem Herrn. Darum: wir leben oder sterben, so sind wir des Herrn« (Röm 14,5-8).

MEHR ALS MORAL

Aus diesem personal geprägten und umfassenden Verständnis von der *einen* Sünde als Ursprung aller *einzelnen* ergibt sich auch die Schwierigkeit einer rein *moralischen* Bestimmung. Im Bild gesprochen stellt die Sünde als Trennung von Gott die *eigentliche Krankheit* dar, während die einzelnen Sünden und moralischen Vergehen als *Symptome* dieser zugrunde liegenden Krankheit zu verstehen sind. Zwar wirkt die *eine* Sünde sich in den Gedanken, Worten und Handlungen auch in moralischer Hinsicht aus, sie lässt sich aber keinesfalls anhand moralischer Begriffe schon hinreichend bestimmen und erklären. Denn die Symptome sind charakteristische Zeichen der Krankheit und als solche ernst zu nehmen, aber sie sind nicht die eigentliche Krankheit.

Die Sünde aufgrund der Unmoral erweisen zu wollen verbietet sich schon deshalb, weil auch der Mensch, der »losgelöst« von seinem Schöpfer leben will, als dessen Geschöpf dennoch die Fähigkeit und Verantwortung erhalten hat, andere Menschen zu lieben. So wären wir äußerst schlecht beraten, wenn wir – quasi als »Vorbereitung« auf das Evangelium als der »frohen Botschaft« – zunächst die moralischen

Zustände der »Welt« beklagten. Nicht nur, dass wir uns dabei in Hinsicht auf die Humanität und Liebe mancher Atheisten und angesichts moralischer Vergehen mancher »Frommer« selbst in Beweisnot bringen – viel schlimmer ist, dass wir das Evangelium damit gar nicht vorbereiten.

Die »erfreuliche Nachricht« von Gottes Vergebung und Erlösung handelt ja nicht von dem verzweifelten Zurückdrängen der *Folgen*, sondern von der wirksamen Aufhebung der *Ursache*. Wir sollen nicht etwa in unserer Isolation stabilisiert werden, sondern durch Beziehungswirklichkeit geheilt sein und zur Beziehungsfähigkeit gesunden. Denn was wir brauchen, ist nicht eine »Besserung« des Zustands unseres Todes, sondern *Leben*, ist nicht nur eine Änderung des Ich, sondern das *Wir* – mit Gott und miteinander.

FASZINATION UND ENTTÄUSCHUNG DER SÜNDE

Wenn Sünde Distanzierung von Gott bedeutet – und wenn wir Gott als den Ursprung des Lebens und als den Schöpfer und Geber der Liebe erkannt haben –, welchen Sinn macht es dann noch, zu sündigen? – Gar keinen! Es ist nicht sinnvoll, sondern geradezu absurd, wenn wir Menschen das Gegenteil von dem tun, was wir eigentlich wollen. Denn indem wir uns in unserem Streben nach Glück und Erfüllung von Gott als unserem Leben und unserer Liebe lösen, schaden wir uns selbst und anderen. So ist es – wie wir sahen – das wesentliche Merkmal und Erkennungszeichen jeder Sünde, dass sie von Gott trennt und gelingendes Leben und echte Liebe verhindert, gefährdet und zerstört.

Warum geht dann von der Sünde oft eine solche Faszination aus, wenn sie doch in letzter Konsequenz für unser Leben und Erleben abträglich ist? – Weil es die Sünde, wenn sie attraktiv erscheinen will, vermeidet, ihr Wesen und ihr Ziel zu offenbaren. Sie knüpft wie einst die Schlange im Gespräch mit Eva viel lieber an dem an, was Gott als Schöpfer selbst ist und was *er allein* seinen Geschöpfen geben kann (1. Mose 3,1-5; Röm 7,11). Sie verspricht nicht etwa Tod, sondern Leben; sie wirbt nicht mit Gottverlassenheit und Einsamkeit, sondern mit der Gottgleichheit. Sie verrät dem naiven Menschen nicht, dass er mit seiner Auflehnung gegen Gott unmittelbar in die Abhängigkeit und Verblendung gelockt werden soll, sondern sie gaukelt ihm Erkenntnis, Reife und Freiheit vor.

Das ist aber doch Betrug! – Gewiss, und diesen Betrug begeht die Sünde seit Beginn der Menschheit, d. h. seit Adam und Eva, sehr erfolgreich (1. Mose 3,13; Röm 7,11). Der Mensch, der sich von der Sünde verführen lässt, ist insofern betrogen, als er aufgrund der Täuschung in der Trennung von Gott sucht, was er gerade bei Gott finden würde, und bei der Sünde findet, was er gar nicht gesucht hat. So lebt die Faszination der Sünde allein davon, dass sie in Aussicht stellt, was lediglich Gott geben kann, und verspricht, was nur Gott halten kann.

Aber vor diesem Schwindel müssen die Menschen doch gewarnt werden! – Das sind sie schon, wiederum seit Adam und Eva (1. Mose 2,17). Gott hat die Menschen doch von Anfang an und – durch Propheten und Apostel – immer wieder neu davor gewarnt, sich als Geschöpfe von ihm als dem Schöpfer abzuwenden; da doch die Abkehr vom Leben in letzter Konsequenz niemals Lebensentfaltung bringen kann, sondern in jedem Fall Verlust an Leben und Minderung von Lebenskraft bedeutet, und da die Auflehnung gegen die Liebe schwerlich Zuneigung und Einklang bringen wird, sondern nur noch mehr Selbstsucht und Angst, Abwertung und Verzweiflung.

Wie kann es der Sünde denn immer wieder gelingen, den Menschen zu betrügen, obwohl er doch zuvor von Gott vor dem Betrug gewarnt worden ist? – Indem sie durch skeptische, verfängliche Fragen und glatte Falschaussagen im Menschen Zweifel, Unsicherheit und Versuchung weckt: »Sollte Gott gesagt haben …?« – »Ihr werdet keineswegs des Todes sterben, sondern Gott weiß, an dem Tage, da ihr davon esset, werden eure Augen aufgetan und ihr werdet sein wie Gott, indem ihr wisst, was gut und böse ist« (1. Mose 3,1-5).

Läuft es darauf hinaus, dass man das Reden und Werben der Sünde am besten einfach nicht beachtet, sich schleunigst von ihr abwendet und sie zu vergessen sucht? – Wenn das so einfach aufginge, wäre es ja vielleicht zu empfehlen. Die Dinge liegen aber in der Regel komplizierter. Da die Sünde häufig mit dem wirbt, was Gott als Schöpfer seiner Schöpfung in Liebe zugedacht hat, kann die Lösung nicht in der Verachtung dessen liegen, was die Sünde in Aussicht stellt. Die Sehnsucht nach Zuwendung und Anerkennung, das Verlangen nach Bestätigung und Glück, das Streben nach Erfüllung und Entfaltung, all diese Bedürfnisse sind ja nicht an sich verfänglich oder falsch, sondern schöpfungsgemäß und lebensbejahend. Kritisch zu beurteilen sind allein die Versuche, das Verlangen nach Leben lebensmindernd zu befriedigen und die Sehnsucht nach Liebe und Anerkennung auf Kosten anderer und zum eigenen Schaden auszuleben. Die Hoffnung, die in uns geweckt wird, ist weder verwerflich noch lebenshinderlich, sondern allein die Fehlentscheidung, *unabhängig* von Gott suchen zu wollen, was wir nur *bei* und *in* Gott finden können. So erweist sich manche Sünde in ihrer letzten Konsequenz als eine fehlgeleitete Sehnsucht nach Gott. Wenn dies aber zutrifft, dann geht es bei der Überwindung des Betruges, dem wir als Menschen seit Urzeiten erliegen, weniger um das *Abwenden* von der uns offensichtlich überlegenen Sünde als vielmehr um das *Hinwenden* zu dem einen Gott, der allein unsere Sünde in seiner Liebe und durch seine Zuwendung erübrigen kann. Dann hilft uns nicht das verzweifelte und halbherzige »*Nein!*« zu allen Wünschen nach erfüllendem und erfülltem Leben, sondern allein das ganz entschiedene und hoffnungsvolle »*Ja!*« zu dem, der selbst das Leben ist und uns auf viele Weisen Leben in Fülle geben will: »Ich bin gekommen, damit sie Leben haben – und zwar im Überfluss« (Joh 10,10).

DAS VERHÄLTNIS DES MENSCHEN ZUR SÜNDE

Wollen wir die vielschichtige Beziehung des Menschen zu seiner Sünde auf den Begriff bringen, dann wird uns das kaum treffender und knapper gelingen können als mithilfe der lateinischen Begriffe *posse* – für »können«, »vermögen«, »imstande sein« – und *peccare* – für »sündigen«, »fehlen«, »sich vergehen«.

Posse peccare: Als Gott die Menschen schuf, bestimmte er sie dazu, in ungebrochener und respektvoller Gemeinschaft mit ihm und miteinander zu leben, auf ihn als ihren Schöpfer zu hören, sich an seine lebensbewahrenden Worte zu halten und das ihnen anvertraute Leben verantwortlich zu gestalten. Diese Bestimmung, persönliches und verantwortliches Gegenüber Gottes zu sein, schloss die Möglichkeit des Versagens und Verfehlens ein. Der Mensch ist keineswegs *als* Sünder geschaffen und schon gar nicht *zur* Sünde –, aber er ist mit der Möglichkeit zu sündigen geschaffen. Es gilt für den Menschen als Geschöpf das »Sündigen-Können« – *posse peccare*.

Non posse non peccare: Weder Schöpfungsbericht und Paradieserzählung (1. Mose 1–3) noch deren Auslegung bei Paulus (Röm 1,18–3,20; 5,12-21; 7,7-24) lassen einen Zweifel daran, dass sich der Mensch gleich zu Beginn – d. h. grundlegend – von der Macht und Möglichkeit des Zweifels an Gott verführen ließ und sich der Gemeinschaft mit seinem Schöpfer durch Ungehorsam und Abwendung entzog. Sosehr er als Geschöpf Gottes nach wie vor und bleibend dazu ausersehen ist, Ebenbild und Gegenüber Gottes zu sein, sosehr gilt für den Menschen zugleich unausweichlich, dass er seit Adam und Eva – d. h. von Anfang an – faktisch von Gott entfremdet ist und unter der Herrschaft seiner eigenen Sünde existiert. Er handelt nicht nur gelegentlich so, als ob es Gott nicht gäbe, sondern er lebt grundsätzlich von seinem Schöpfer getrennt. An die Stelle der Gottesgemeinschaft ist die zwanghafte Beziehung zu seiner eigenen Sünde getreten, die ihn immer wieder zu einem Verhalten nötigt, das dem Leben und der Gemeinschaft abträglich ist. Wenn es aber stimmt, dass der Mensch seit Adam seiner Sünde verfallen ist, dann *kann* er nicht nur sündigen, sondern dann *muss* er fortan sündigen, denn er kann das Sündigen nicht lassen (*non posse non* = »müssen«). Es gilt für den Menschen nach Adam das »Nicht-nicht-sündigen-Können« – *non posse non peccare*.

Posse non peccare: Für den an Christus Glaubenden hat sich durch Jesu Kreuz und Auferstehung ein grundsätzlicher Wandel vollzogen. Denn die Bereitschaft zur Hingabe des Wertvollsten, des eigenen Lebens, lässt die uneingeschränkte und bedingungslose Zuwendung Gottes zu uns Menschen erkennen, und die im Leben und Leiden Jesu greifbare vorbehaltlose Liebe bezeugt Gottes Versöhnung und Vergebung gegenüber demjenigen, der Gott von sich aus gleichgültig oder sogar in offener Ablehnung begegnet. Ihm wird im Glauben – d. h. voraussetzungslos und geschenkweise – zugesprochen, dass er am Kreuz auf Golgatha mit Christus seiner alten Sünde – d. h. Trennung vom Leben – absterben durfte und infolge der Auferstehung des Sohnes Gottes auch selbst in die Gemeinschaft der Töchter und Söhne Gottes mit dem himmlischen Vater eintreten kann. Zwar ist die Sünde mit ihrer lebenszerstörenden und liebesverhindernden Kraft noch nicht völlig beseitigt, aber sie ist durch das Kreuzesgeschehen bereits verurteilt und verdammt. Zwar existiert die Sünde als *Möglichkeit* auch für die Glaubenden noch weiter, aber der *Anspruch* ihrer Herrschaft und die *Zwangsläufigkeit* ihrer Sklaverei sind im Herrschaftsbereich des Auferstandenen aufgehoben. Die Sünde mag vorläufig noch Möglichkeit und Macht haben, aber sie hat auf Christus selbst – und damit auf die, die in Christus sind – weder Recht noch Anspruch. Wohl wird sie auch die Glaubenden immer wieder zu Verfehlungen verleiten, sie kann sie aber nicht mehr grundsätzlich und bleibend von der Liebe und dem Anspruch Christi trennen. Wenn dies aber stimmt, dann gilt für die an Christus Glaubenden nicht nur das *posse peccare* der Geschöpfe und nicht mehr das *non posse non peccare* der Sünder, sondern in der Vergebung und Gemeinschaft Christi das *posse non peccare* der Erlösten. Denn durch die Erlösung in Christus haben die Glaubenden bereits »die Freiheit und das Vermögen, *nicht zu sündigen*«.

Non posse peccare: Wenn auch die Vergebung und die Freiheit, nicht mehr sündigen zu müssen, sondern in Offenheit für Gott und in Gemeinschaft mit Christus leben zu können, selbst schon Erlösung bedeuten, so gelten doch – gerade auch für Glaubende – entscheidende Verheißungen und Hoffnungen bisher noch als unerfüllt. Solange Menschen unter Ungerechtigkeit und Not, unter Krankheit und Verzweiflung, unter Einsamkeit und Tod leiden müssen, sehnen wir uns nach dem Abschluss der Erlösung durch Christus und nach der Vollendung der Schöpfung Gottes (Röm 8,18-39; 1. Kor 15,20-28). Denn wenn Christus seine Herrschaft endgültig gegen die Sünde und den Tod als die letzten Feinde Gottes durchsetzen wird, dann wird es alles das nicht mehr geben, was durch die Sünde der Menschen an Schuld und Schaden in die Schöpfung Gottes gekommen ist. Dann werden wir Gott sehen, wie er ist, und in Anbetracht seiner Liebe und Herrlichkeit nie mehr sündigen wollen; dann sollen wir dem Wesen des Gottessohnes angeglichen werden und nicht mehr verführbar sein; dann werden wir uneingeschränkt und ungebrochen

mit Gott zusammenleben und deshalb *nicht mehr sündigen
können*. An diesem Tag, wenn Christus erscheint, dann gilt
endlich das erlösende *non posse peccare*.

LEBEN AUS DER VERGEBUNG

Nun sind wir von diesem Ziel einer uneingeschränkten
und unangefochtenen Erfahrung der vollkommenen
Gottesgemeinschaft auch als an Christus Glaubende noch
weit entfernt und bringen uns bewusst – oder häufiger noch,
ohne es uns einzugestehen – in Situationen, die nicht unser Leben und unsere Beziehungen in Liebe fördern, sondern diese
vielmehr einschränken und uns selbst und anderen schaden.
Wie finden wir zu Gott zurück, wenn wir erkennen müssen,
dass wir uns von ihm durch ein bestimmtes Verhalten oder
durch allmähliche Entfremdung getrennt – d. h. gesündigt –
haben? Zu unserer Überraschung brauchen wir nichts zu tun,
als uns umzudrehen und uns Gott neu zuzuwenden. Denn
wie weit wir uns auch von Gott entfernt haben mögen, er hat
sich nicht von uns entfernt. Auch wenn wir uns selbst und
ihm gegenüber immer wieder untreu werden, so bleibt Gott
uns und sich selbst doch beständig treu. Er kann sich selbst
nicht verleugnen (2. Tim 2,13). Sosehr wir unsere Beziehung
zu Gott als dem Leben und der Liebe vernachlässigen mögen
und sooft wir auch vergessen, was er uns in Christus bereits
geschenkt hat, hält Gott doch an seiner Zusage fest und holt
uns auf unseren Wegen wieder und wieder ein. Denn Gottes
Gaben und Berufung können ihn nicht gereuen (Röm 11,29).
Die Folgen unserer Abwege und Fehlentscheidungen mögen

uns durchaus noch lange zu schaffen machen. Der entscheidende Beginn des Neuanfangs aber liegt in dem Augenblick der Hinwendung zu dem, der uns längst zugewandt ist. Mögen wir uns auch *tausend* Schritte von Gott weg entfernt haben, so bedarf es dank der Liebe und Vergebungsbereitschaft Gottes nicht mehr als *eines einzigen* Schrittes, um zu ihm zurückzukehren.

Wir vertrauen zu Recht darauf, dass wir Gott auch in unseren persönlichen Lebensentscheidungen um seine Führung bitten dürfen und ihm unseren eigenen Lebensweg anvertrauen können. Was ist aber mit Gottes Willen für unser Leben, wenn wir – durch offensichtliche Fehlentscheidungen oder durch unvorhergesehene Entwicklungen, durch eigene oder durch fremde Schuld – in ausweglose Situationen geraten? Ist mit einer falschen Lebensentscheidung definitiv über unser Leben entschieden? Kommt Gottes Führung damit an ihr Ende, dass wir uns einmal bei unserer Suche nach seinem Willen geirrt haben? Es ist das Geheimnis seiner Liebe und Güte, dass Gott uns nicht nur entlang eines als Ideallinie gedachten Weges zum erfüllenden Leben führen kann, sondern dass er uns jeweils abholt, wo wir und wie wir gerade sind, und uns von dort aus neue Wege ebnet, auf denen wir nach seinem Willen leben dürfen. Gottes Zuspruch der Vergebung ist immer zugleich die Zusage eines Neuanfangs in seiner Begleitung.

Wenn dies alles aber zutrifft, dann könnte unser Bekenntnis zu der »Vergebung der Sünden« in Christus doch eigentlich ein uns beglückendes und befreiendes Thema sein, das wir weder zu verdrängen noch zu umgehen brauchten. Vielleicht ist es unser Stolz und unser altes Problem der Isolation von dem Leben und der Liebe, dass wir das Thema der Sünde – und damit unweigerlich auch das der Vergebung – lieber zurückstellen. Denn *wir* wollen Vergebung, weil wir *vergessen* wollen; *Gott* aber vergibt uns, damit wir uns *erinnern*: wie sehr er uns beschenkt, indem er uns bedingungslos annimmt, wie wenig wir uns von den anderen unterscheiden, die wir sonst so leicht verurteilen, und wie weit unsere Vorstellung von uns selbst von der Wirklichkeit entfernt ist. So wird uns unsere Schuld gerade nicht vergeben, damit wir wieder ganz die Alten sein können, sondern damit wir Gott, den anderen und uns selbst neu und anders begegnen. Der Sinn der Vergebung liegt nämlich nicht darin, dass wir wieder besser dastehen, sondern dass wir Gott gegenüber *dankbarer*, anderen gegenüber *barmherziger* und uns selbst gegenüber *wahrhaftiger* werden.

GESETZ, EVANGELIUM UND WEISUNG JESU CHRISTI[45]
PAULUS ALS LEHRER EINES HEILENDEN GLAUBENS

Was heißt: »Aus Werken des Gesetzes wird kein Fleisch gerecht«?[46] Die Beantwortung dieser klassischen, für das Verständnis der paulinischen Theologie so grundlegenden Frage fällt in Anbetracht der neueren Diskussion offensichtlich schwerer denn je.

Bezieht Paulus seine grundsätzliche Aussage auch auf Juden oder lediglich auf Heiden bzw. Heidenchristen? Denkt er an eine *prinzipielle* Unmöglichkeit der Rechtfertigung auf der Grundlage des Gesetzes oder nur an eine *faktische* Unmöglichkeit? Hat er bei seiner Kritik das Gesetz – d. h. die Tora vom Sinai – gemäß ihrer ursprünglichen Intention und Aufgabe im Blick oder lediglich ein legalistisch, d. h. »gesetzlich«, missverstandenes Gesetz, das zum Leistungsprinzip verkehrt oder der Sünde anheimgefallen ist? Versteht der Apostel das Gesetz vom Sinai noch als eine göttliche Verfügung und Gabe oder eher als eine widergöttliche, von Dämonen vermittelte Größe?

Kann man bei Paulus überhaupt von einer theologisch durchreflektierten und zusammenhängenden »Gesetzeslehre« ausgehen, oder handelt es sich nur um spontane und unverbundene polemische Äußerungen? Lässt sich bei den paulinischen Gesetzesaussagen eine kontinuierliche Entfaltung beobachten oder ist vorauszusetzen, dass zwischen dem kämpferischen Galaterbrief und dem ausgewogenen Römerbrief eine einschneidende Entwicklung und ein grundlegender Wechsel stattgefunden hat? Dann würden sich Spannungen und Widersprüche bei der Erörterung der Gesetzesfrage geradezu zwangsläufig ergeben.

GESETZ BEI PAULUS

Wenden wir uns bei der Entfaltung unseres Themas »Gesetz, Evangelium und Weisung Jesu Christi« zunächst dem umstrittensten der drei genannten Begriffe zu, dem des *Gesetzes* – hebräisch »Tora«, griechisch »Nomos«. Wenn wir bedenken, dass wir es bei Paulus mit einem judenchristlichen – d.h. jüdisch geborenen und geprägten – Theologen zu tun haben, der auch als an Christus gläubiger Apostel ganz im Kontext alttestamentlich-jüdischer Tradition denkt und argumentiert, ist die eingangs zitierte Aussage von Galater 2,16; Römer 3,20 schon an sich höchst bemerkenswert. Nicht weniger herausfordernd ist die Erkenntnis, dass Paulus die in Christi Kreuz und Auferstehung erfolgte Befreiung und Erlösung offensichtlich nicht nur auf die *Sünde* und den *Tod* als Unheilsmächte bezieht, sondern auch auf das *Gesetz des Mose* selbst.[47] Den Juden- und Heidenchristen der römischen Gemeinden gegenüber formuliert Paulus höchst provozierend: »Denn die Sünde wird nicht herrschen können über euch, weil ihr ja *nicht unter dem Gesetz* seid, sondern *unter der Gnade*« (Röm 6,14). – »Also seid auch ihr, meine Brüder, *dem Gesetz getötet* durch den Leib Christi, sodass ihr einem andern angehört, nämlich dem, der von den Toten auferweckt ist, *damit wir Gott Frucht bringen*« (Röm 7,4). Oder um es mit der prägnantesten und für jüdische Hörer gewiss provozierendsten Formulierung des Paulus zu sagen: »Denn ich bin *durchs Gesetz dem Gesetz gestorben, damit ich Gott lebe*. Ich bin mit Christus gekreuzigt« (Gal 2,19).

Um die im Folgenden zu entfaltende These voranzustellen: Für Paulus als den »Apostel der Heiden« (Röm 11,13)[48] ist die grundlegende und endgültige Freiheit vom Gesetz gleich in *dreifacher* Hinsicht bedeutungsvoll: (1) im Hinblick auf die Legitimität der gesetzes- und damit beschneidungsfreien *Heidenmission* (Gal 2,1-21), (2) für die *Rechtfertigung* aller Menschen – ob Juden oder Heiden – im Glauben an Christus (Röm 3,21 – 4,25; Gal 2,15 – 4,31) und (3) für das an Christus selbst orientierte *ethische Verhalten* der Glaubenden. Dabei geht Paulus als Judenchrist selbstverständlich vom *göttlichen* Ursprung des Gesetzes aus (auch Gal 3,19!)[49] und findet in ihm als *Schrift* auch das Evangelium bereits verheißen (Röm 1,2).[50] Letztverbindlich ist für ihn als einen an die Weisung Christi Gebundenen (1. Kor 9,21) aber die Orientierung an dem »Evangelium Gottes von seinem Sohn« (Röm 1,1 ff.)[51] und damit an dem »Gesetz Christi« (Gal 6,2)[52].

Wollen wir sowohl die *Bedeutung* als auch die *Grenze* des Gesetzes nach Paulus angemessen erfassen, bedarf es zweifellos einer klaren Differenzierung der verschiedenen Verwendungsweisen der Begriffe Gesetz – Nomos – Tora. Zunächst gebraucht Paulus den Begriff »Gesetz« als »ersten Teil für das Ganze« *(prima pars pro toto)* im umfassenden Sinne von »Schrift« und kann darunter Zitate aus den Propheten und den Psalmen einbeziehen.[53] Von dem Gesetz als *Schrift* gilt für ihn – wie für alle Verfasser der neutestamentlichen Schriften – selbstverständlich: »Heben wir denn das Gesetz auf durch den Glauben? Ganz und gar nicht! Sondern wir richten das Gesetz auf, d.h. wir bringen das Gesetz zur Geltung« (Röm 3,31). Im Anschluss entfaltet der Apostel ausführlich anhand der »Schrift« (so Röm 4,3), dass schon Abraham und David nicht aufgrund der »Werke des Gesetzes« – d.h. ihrer Befolgung des Gesetzes, ihrer »Toraobservanz« –, sondern aufgrund der Verheißung und aus Gnaden im Glauben gerechtfertigt worden sind (Röm 4,1-25).

Von der gleichen Übereinstimmung und Kontinuität von Verheißung und Evangelium geht Paulus aus, wenn er in der Wendung »Gesetz und Propheten« mit Gesetz die fünf Bücher Mose – den Pentateuch – als den ersten Teil der Schrift bezeichnet. So kann er Römer 3,21 in spannungsreicher, scheinbar paradoxer Weise formulieren: »Nun aber ist *ohne Gesetz*, d.h. ohne Zutun des Gesetzes, die Gerechtigkeit Gottes offenbart, bezeugt *durch das Gesetz und die Propheten*.«[54]

DAS GESETZ DES MOSE

Wenn Paulus *kritisch* vom Gesetz redet, dann meint er das »Gesetz des Mose« – die »Sinai-Tora« im spezifisch theologischen Sinne – als die Rechts*forderung* und die Rechts*verfügung* Gottes,[55] wie sie sich für ihn in 3. Mose 18,5 (Gal 3,12; Röm 10,5) und 5. Mose 27,26 (Gal 3,10) exemplarisch artikulieren: »Denn der Mensch, der sie [die Satzungen] tut, wird durch sie leben.« – »Verflucht sei, wer nicht alle Worte dieses Gesetzes erfüllt, dass er danach tue!« Infolge seiner Begegnung mit dem gekreuzigten und auferstandenen Herrn ist der ehemalige Pharisäer Paulus zu der

Erkenntnis gelangt, dass es außerhalb des Glaubens an den Sohn Gottes keine eschatologische Rechtfertigung vor Gott und also auch kein ewiges Leben geben kann – auch nicht für Juden und auch nicht durch Toraobservanz, d.h. durch den Wunsch der umfassenden Befolgung des Gesetzes vom Sinai. – Galater 2,16: »Weil wir aber wissen, dass der Mensch nicht augrund von Toraobservanz gerechtfertigt wird, sondern ausschließlich durch den Glauben an Jesus Christus, sind *auch wir* [als geborene Juden, V. 15] zum Glauben an Christus Jesus gekommen, damit wir aufgrund des Glaubens an Christus gerechtfertigt werden und nicht aufgrund von Werken des Gesetzes; denn aufgrund von Werken des Gesetzes ›wird kein Fleisch gerechtfertigt werden‹« (Ps 143,2).[56]

Mit den »Werken des Gesetzes«, die *nicht* zur Rechtfertigung vor Gott führen können, bezeichnet der Apostel nicht nur die »gesetzlichen« – d.h. in Selbstdarstellung und Leistungsdenken verdrehten und abgewerteten – Gesetzesleistungen[57], die nur durch die falsche Haltung und Intention verfälscht wären. Bei den »Werken des Gesetzes« denkt Paulus aber – entgegen manchen Tendenzen der gegenwärtigen Diskussion – auch nicht nur an die sogenannten »identity marker«[58] des Diasporajudentums bzw. des palästinischen Judentums – wie Beschneidung, Speisegebote und Sabbat –, die im Zusammenhang der Heidenmission trennend und hinderlich wirken. Mit beiden Einschränkungen würde die Grundsätzlichkeit seiner Gesetzeskritik im Galater- wie im Römerbrief unzulässig verharmlost. Vielmehr bestimmt Paulus die »Werke des Gesetzes«, die weder zu Rechtfertigung noch zum ewigen Leben führen können, im *umfassenden* und *neutralen* Sinne als die *grundsätzliche Bejahung* und *umfängliche Be-*

folgung der Tora, die sich in Haltung und Tun konkretisiert – also als »Toraobservanz«.[59] Er sagt nicht weniger, als dass kein Mensch – und sei er ein Jude – aufgrund seines gelebten Lebens – selbst wenn er um strenge Befolgung des Gesetzes bemüht wäre – von sich aus vor Gott bestehen kann. Angesichts der Christuserkenntnis und im Rückblick des Glaubens an den gekreuzigten und auferstandenen Sohn Gottes erkennt der Apostel, dass das Gesetz von Gott in Wahrheit gar nicht zum Leben gegeben worden ist, sondern zur *Dokumentation*, zur *Entlarvung* und zur *Verurteilung der Sünde:* »Denn durch das Gesetz kommt *Erkenntnis der Sünde*« (Röm 3,20) – »Denn das Gesetz bewirkt *Zorn[-gericht]*« (Röm 4,15) – »… damit die Sünde durch das Gebot *überaus sündig* werde« (Röm 7,13).[60] Damit gewinnt das Gesetz des Mose für den ehemaligen Pharisäer und jetzigen Judenchristen Paulus eine ebenso *kritische* –, aber unbestritten *gottgewollte* – Funktion wie die *Gerichtspropheten* in Israel. Auch deren Beauftragung war nicht vorrangig mit der Perspektive der Umkehr, sondern der der Überführung und Verurteilung Israels hinsichtlich ihrer Übertretungen verbunden (vgl. Am 3,3 ff.; 7,1–9,10; Jes 6,1-13; Hes 3,17-19). An den Gerichtspropheten lässt sich bis heute wohl am eindrücklichsten veranschaulichen, wie zugleich die göttliche Herkunft bzw. Autorität als »Schrift« und die kritische Funktion der Anklage als »Gesetz« im Sinne des Paulus theologisch zusammenzudenken sind. So kann der Apostel das »Gesetz« auch überall dort vernehmen, wo die »Schrift« als »Gesetz« den Menschen bei der Sünde behaftet, auch wenn es sich konkret um Zeugnisse der *Propheten* oder der *Psalmen* handelt – wie in Römer 3,9-20.[61]

Unter dieser Voraussetzung wird deutlich, warum nach Paulus auch diejenigen, die in der Toraobservanz leben wollen, grundsätzlich unter der berechtigten Anklage und Verurteilung – d. h. unter dem »Fluch« – des Gesetzes stehen: »Denn die aus den Werken des Gesetzes leben, die sind unter dem Fluch« (Gal 3,10).[62] Weil nach dem Evangelium nur der Geist des Herrn – d. h. Jesu Christi (2. Kor 3,14.16.17) – von der Vorherrschaft der Sünde und des Todes befreit, kann Paulus in äußerst provozierender Zuspitzung den Dienst des von Gott gegebenen Gesetzes als einen Dienst der *Verurteilung* und *Verdammnis* (2. Kor 3,9) und sogar als Dienst des *Todes* (2. Kor 3,7) bezeichnen: »Denn der Buchstabe tötet, aber der Geist macht lebendig … Der Herr ist der Geist; wo aber der Geist des Herrn ist, da ist Freiheit« (2. Kor 3,6.17). Folglich entspricht dem Versklavtsein unter der Vorherrschaft der Sünde – dem »Unter-der-Sünde-Sein« (Gal 3,22; Röm 3,9; vgl. 5,12; 7,14) – die Existenz unter der unentrinnbaren Anklage des Gesetzes, das »Unter-dem-Gesetz-Sein«: »Ehe aber der Glaube kam, waren wir unter dem Gesetz verwahrt und verschlossen auf den Glauben hin, der dann offenbart werden sollte. … Nachdem aber der Glaube gekommen ist, sind wir nicht mehr unter dem Aufseher« (Gal 3,23.25).

»GESETZ« IM ÜBERTRAGENEN SINNE ALS BESTIMMENDE WEISUNG UND GESETZMÄSSIGKEIT

Nachdem der Begriff des »Gesetzes« bei Paulus also einerseits im Sinne von (1) »Schrift«/Pentateuch und andererseits und zentral als (2) »Gesetz des Mose«/Sinai-

Tora verwendet werden kann, verwendet der Apostel den Begriff »Gesetz« / »Nomos« mit dem griechischen Sprachgebrauch auch noch (3) im *übertragenen Sinne* von »bestimmende Weisung« bzw. »Maßstab«, »Gesetzmäßigkeit«, »Prinzip«. So besonders eindrücklich in Römer 3,27: »Durch welches *Gesetz/Prinzip* [ist das Rühmen ausgeschlossen]? Durch das Gesetz/Prinzip *der Werke*? Nein, sondern durch das Gesetz/Prinzip *des Glaubens*.« Dieser *übertragene* Sinn von Nomos/Gesetz findet sich auch außerhalb der paulinischen Briefe – wie z. B. in Weisheit Salomos 2,11, wo der Gottlose überheblich spricht: »Es sei unsere Macht *Nomos* – d. h. *Gesetz/Maßstab/Norm* – der Gerechtigkeit, denn das Schwache erweist sich als nutzlos.« Während das Gesetz des Mose, die Sinai-Tora, bei Paulus wegen seiner verbreiteten Verwendung meist absolut gebraucht wird – »Gesetz« oder »das Gesetz« –, lässt sich der übertragene Gebrauch meist an den beigefügten näheren Bestimmungen (Genitivattributen) erkennen, die das Wortspiel andeuten: »Gesetz der *Sünde*«, »Gesetz des *Todes*«, »Gesetz der *Werke*« oder eben »Gesetz *Christi*« bzw. »Gesetz des *Glaubens*«, »Gesetz des *Geistes*«.

In Römer 7,7-25 beschreibt Paulus die Unfähigkeit des Menschen, Gottes gutes und gerechtes Gebot und sein heiliges Gesetz (Röm 7,12.14) von sich aus zu erfüllen, indem er die Situation Adams – d. h. »des Menschen« – im Anschluss an 1. Mose 2 und 3 reflektiert. Dabei enthüllt er die Situation des Menschen ohne Christus – *remoto Christo* –, wie dieser sich erst vom Glauben her – also *in Christo* – im Rückblick erkennt. Danach hat »der Mensch« von Anfang an faktisch nicht auf die lebensfördernde Weisung Gottes nach 1. Mose

2,17/Römer 7,10.12 gehört, sondern sich von der todbringenden »Weisung« der Schlange, d.h. der Sünde, verführen und betrügen lassen (1. Mose 3,13/Röm 7,11: »[sie] betrog mich«). Diese »Weisung« der Schlange bzw. der Sünde (1. Mose 3,1-5/Röm 7,8.11) bezeichnet Paulus wegen ihrer unheilvollen Wirkung als das »Gesetz der *Sünde*« (Röm 7,23) bzw. als das »Gesetz der *Sünde* und des *Todes*« (Röm 8,2).

Sowenig Gottes gutes Gebot nach Paulus selbst Sünde ist oder den Tod bewirkt (Röm 7,7.13), sowenig vermag das Gesetz des Mose doch den Menschen von der todbringenden Vorherrschaft der Sünde zu befreien – dies ist »das dem Gesetz Unmögliche« (Röm 8,3). Denn im Menschen findet sich von Adam an ein »*anderes* Gesetz«, das dem Gesetz Gottes widerstreitet und den Menschen gefangen nimmt unter dem Diktat der Sünde (Röm 7,23). Dieses »andere Gesetz« – als *bestimmende Weisung/Maßstab/Prinzip* – bestimmt Paulus auf der Grundlage von 1. Mose 3,6 und 2. Mose 20,17 als »sündige Leidenschaften« (Röm 7,5), als »Begierde« (Röm 7,8) und als das menschliche Prinzip des »Fleisches« (Röm 7,25; 8,1-13).

Die Antwort auf diese verzweifelte Situation der grundsätzlichen Unfreiheit, Gefangenschaft und Versklavung des Menschen erkennt der Apostel seit seiner Christusbegegnung nun nicht mehr in dem mosaischen Gesetz, sondern vielmehr in dem in Christus Jesus wirksamen »Gesetz des *lebendig machenden Geistes*« (Röm 8,2) und der »Weisung«, dem »Maßstab« und dem »Prinzip des Glaubens« – eben dem »Gesetz des *Glaubens*« (Röm 3,27). Und sosehr die *gute Rechtsforderung* des Gesetzes Gottes, des Gebotes der Nächstenliebe und des Dekalogs durch den Glauben an Christus und die

Frucht des Geistes bestätigt und nicht widerlegt wird (Röm 8,4; 13,8-10; Gal 5,14.23b), sosehr ist für den »Apostel der Heiden« (Röm 11,13) im Konfliktfall nicht das Gesetz des Mose, sondern die Weisung und Tora des Christus – das »Gesetz *Christi*« (Gal 6,2) – *letztverbindlich*.

Nach 1. Korinther 9,20.21 sieht sich der Apostel nicht mehr »unter dem Gesetz (des Mose)«, sondern »in / unter dem Gesetz *Christi*« – und gerade deshalb Gott gegenüber nicht mehr »gesetzlos« – »nicht ohne Gesetz vor Gott«. In Übereinstimmung damit gewinnt Paulus die Maßstäbe für seine ethischen Weisungen jeweils ganz konkret an der Person, dem Weg und der Weisung des gekreuzigten und auferstandenen Herrn.[63] Oder um die ganze Theologie der Befreiung von den den Menschen versklavenden Mächten – der Sünde, dem Tod und eben auch dem Gesetz des Mose – mit den Worten des Paulus in Römer 8,1-4 zusammenzufassen: »So gibt es nun keine Verdammnis für die, die in Christus Jesus sind. Denn das *Gesetz des Geistes*, der lebendig macht in Christus Jesus, hat dich frei gemacht von dem *Gesetz der Sünde und des Todes*. Denn was *dem Gesetz* unmöglich war, weil es durch das Fleisch geschwächt war, das tat Gott: Er sandte seinen Sohn in der Gestalt des sündigen Fleisches und um der Sünde willen und verdammte die Sünde im Fleisch, damit die Gerechtigkeit, vom *Gesetz* gefordert, in uns erfüllt würde, die wir nun nicht nach dem Fleisch leben, sondern nach dem Geist.«

Wollte man die Orientierung des Apostels in ethischen Fragen und das Verhältnis des Gesetzes Christi zum Gesetz des Mose in kritischen Entscheidungen auf eine Formel bringen, so könnte man in Aufnahme von Römer 8,4; 13,8-10 und Galater 5,14.23b vielleicht formulieren: So viel Kontinuität und Übereinstimmung mit dem Gesetz des Mose wie *möglich*, so viel Diskontinuität, Ablösung und Überwindung um des Evangeliums und des Gesetzes Christi willen wie *nötig*. Die eindrücklichsten Beispiele für diesen differenzierten Umgang mit dem Gesetz des Mose mag man in der paulinischen Darstellung des Apostelkonzils zur Frage der beschneidungsfreien Heidenmission (Gal 2,1-10) oder in der des Antiochenischen Konflikts um die gemeinsame Mahlgemeinschaft zwischen Juden- und Heidenchristen (Gal 2,11-21) sehen. In beiden Fällen forderte der Gehorsam gegenüber der »Wahrheit des Evangeliums« für Paulus auch von Judenchristen die Freiheit vom Gesetz des Mose, nach dem die Beschneidung und das Einhalten des Ritualgesetzes an sich und unabhängig von Christus keineswegs infrage gestellt werden könnten.

Dabei wäre es eine dem Judentum wie dem Neuen Testament fremde Vereinfachung, wenn man das Gesetz des Mose nur hinsichtlich seiner *kultischen* und *rituellen* Vorschriften als aufgehoben ansähe und die *ethischen* und *moralischen* Gebote und Verbote – wie das Gebot der Nächstenliebe (3. Mose 19,18 in Gal 5,14) oder die Zehn Gebote (2. Mose 20,1 ff.; 5. Mose 5,6 ff. in Röm 13,8-10) – als vom Evangelium unberührt und an sich bleibend gültig verstehen wollte. Denn einerseits lassen sich Kult und Moral, rituelle und ethische Gebote nach alttestamentlichem wie jüdischem und judenchristlichem Verständnis nicht einfach nach Belieben trennen und außer Kraft setzen und andererseits gibt es nach frühchristlichem Verständnis nichts – nicht einmal das Gesetz des Mose oder die Schrift als Ganze –, was nicht von

Christus her neu zu lesen, zu verstehen und zu »entdecken« wäre.[64]

DAS EVANGELIUM JESU CHRISTI UND DIE OFFENBARUNG DER GERECHTIGKEIT GOTTES

In Aufnahme unseres Titels und in Übereinstimmung mit der traditionellen Formulierung »Gesetz und Evangelium« haben wir mit der Darstellung des »Gesetzes« bei Paulus eingesetzt, um nun zu dem zu kommen, was für den Apostel selbst eigentlich die *Voraussetzung* und damit auch die erkenntnismäßige *Grundlage* seiner neuen Sicht auf die »Heilige Schrift« (Röm 1,2)[65] und damit auch auf die Tora des Mose ist: das Evangelium von Jesus Christus. Wenn der Apostel wie im Römerbrief den Inhalt seiner Theologie und Verkündigung an eine ihm persönlich noch unbekannte Gemeinde und frei von konkreten Gemeindeproblemen entfalten kann, dann wählt er offensichtlich eine andere Reihenfolge.[66]

Paulus selbst eröffnet seine grundlegende Entfaltung des von ihm verkündigten Evangeliums in Briefeinleitung (Röm 1,1-7 und 8-15) und Briefthema (Röm 1,16 f.) des Römerbriefs nicht etwa mit einer Definition des »Gesetzes«, sondern vielmehr mit seinem freimütigen Bekenntnis zu dem Evangelium Gottes (Röm 1,1; vgl. 1,16) als dem Evangelium von seinem Sohn, Jesus Christus (Röm 1,3.9), in dem Gottes Gerechtigkeit wirksam offenbart worden ist: »Ich schäme mich des Evangeliums nicht; denn es ist eine Kraft Gottes zum Heil für jeden Glaubenden – den Juden zunächst und auch den Griechen. Denn die Gerechtigkeit Gottes wird in ihm offenbart – aus Glauben zum Glauben [d. h. ausschließlich im Glauben]; wie geschrieben steht: ›Der aus Glauben Gerechte wird leben‹ (Hab 2,4)« (Röm 1,16 f.).

Dieses offene Bekennen des Evangeliums[67] ist für Paulus gleich zweifach begründet: Zunächst ist es bekennenswert, da es sich dabei nicht nur um das Wort des Paulus oder der Jerusalemer Apostel handelt, sondern um *Gottes* »Wort«[68]. Das Evangelium hat Gott selbst seinen Aposteln mit der Offenbarung seines auferstandenen Sohnes erschlossen (Gal 1,11 f.15 f.; vgl. 1. Kor 15,5-10)[69], und Jesus Christus ist mit seinem stellvertretenden Sterben und seiner Auferstehung *in Person* der eigentliche und zentrale Inhalt des Evangeliums.[70] Die *Verkündigung* und das *Zeugnis der Apostel* – das sogenannte *Kerygma*[71] – haben dieses von Gott offenbarte Evangelium als Grundlage und Kriterium (Röm 10,16 f.; Gal 1,6-12). Dass das Evangelium Gottes sogar den Aposteln noch als Maßstab und Richtschnur vorgegeben ist, kann für den Fall einer Auseinandersetzung um die »Wahrheit des Evangeliums« (Gal 2,5.14) zwischen Aposteln von entscheidender Bedeutung sein. Dies zeigt sich z.B. eindrücklich beim Konflikt zwischen Paulus, Petrus und den Jakobusleuten um die Berechtigung der Mahlgemeinschaft zwischen Judenchristen und Heidenchristen in Antiochien (Gal 2,11-21).[72]

Die »Verkündigung, die Glauben weckt,« sieht Paulus nicht etwa nur auf die Apostel selbst beschränkt, sondern setzt sie auch für seine Mitarbeiter und die Zeugnis gebenden Gemeindeglieder voraus. Mit der Abstufung in der Darstellung von *Jesus Christus, dem Sohn Gottes,* bis hin zur *Verkündigung* auf der Stufe der Apostelschüler und anderen

Verkündigern in der Gemeinde ist einerseits eine Abhängigkeit und ein *Autoritätsgefälle* verbunden, insofern alle Verkündigung und Theologie auf das *Zeugnis der Apostel* – vom *Evangelium* – von *Jesus Christus*, wie es sich in den Neutestamentlichen Schriften findet, angewiesen sind. Niemand von uns hat einen unmittelbaren Rückgriff auf die »Wahrheit des Evangeliums« an dieser Überlieferung vorbei. Andererseits ist damit aber auch gesagt, dass der gekreuzigte und auferstandene Herr in der Evangeliumsverkündigung noch heute als Gottes Leben schaffendes Wort gegenwärtig und wirksam ist, sofern es wirklich die Wahrheit des Evangeliums von Jesus Christus ist, die wir gemäß dem apostolischen Zeugnis verkündigen. Der Glaube, die Rechtfertigung und das Leben, die Gott unter unserer Verkündigung wirken will, sind nicht mittelbarer oder weniger verbindlich als die durch die Apostel gewirkten. Gleich einem *Römischen Brunnen* wird die untere Schale jeweils von der oberen gespeist, sodass – liegt keine Verunreinigung vor – auch in der untersten Schale noch das Wasser der obersten zu schöpfen ist. Besonders eindrücklich formuliert Paulus selbst dies in 1. Thessalonicher 2,13: »Und darum danken auch wir Gott unablässig, dass ihr das *von uns verkündigte* Wort Gottes, als ihr es empfingt, nicht als Menschenwort aufgenommen habt, sondern – wie es das wahrhaftig ist – als *Gottes Wort*, das auch *in euch*, den Glaubenden, *wirksam ist*.«

WORT GOTTES BEI PAULUS

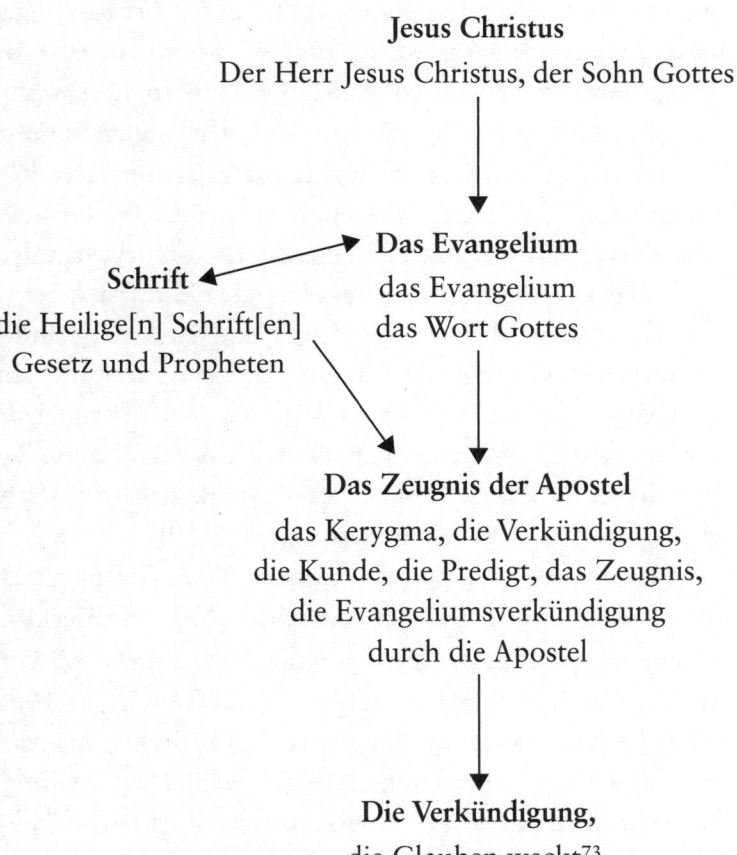

Jesus Christus
Der Herr Jesus Christus, der Sohn Gottes

Das Evangelium
das Evangelium
das Wort Gottes

Schrift
die Heilige[n] Schrift[en]
Gesetz und Propheten

Das Zeugnis der Apostel
das Kerygma, die Verkündigung,
die Kunde, die Predigt, das Zeugnis,
die Evangeliumsverkündigung
durch die Apostel

Die Verkündigung,
die Glauben weckt[73]

Neben dem göttlichen *Ursprung* des Wortes motiviert den Apostel freilich auch der *Inhalt* des Evangeliums zu seinem freudigen Bekenntnis, denn es enthält im Wortsinn eine »erfreuliche Botschaft« und »gute Nachricht« für die Menschen, denen es verkündet wird. Fragen wir nach dem konkreten Inhalt des Evangeliums, dann werden wir zunächst und vor allem auf die Person Jesus Christus hingewiesen, denn das Evangelium *Gottes* ist – wie wir sahen – das Evangelium von seinem *Sohn* (Röm 1,3 f.9; 15,19). Es teilt uns mit, wer Christus ist und wie Gott, der Vater, an und in ihm zugunsten der Menschen gehandelt hat und handeln wird. Die reformatorische Betonung des *solus Christus* – des »Christus allein« – gründet in diesem christozentrischen Verständnis des Evangeliums. Dieses Handeln Gottes ist dabei so zentral und wesentlich mit dem Kreuz und der Auferstehung verbunden, dass Paulus das Evangelium als Ganzes auch als das »Wort vom Kreuz« (1. Kor 1,17 f.) bezeichnen kann. Und es ist so zentral mit der Frieden stiftenden Versöhnung der Welt mit Gott befasst, dass er es ebenso als das »Wort von der Versöhnung« charakterisiert (2. Kor 5,19).

In Röm 1,16 f. wird das Evangelium von Paulus gleich in *fünffacher* Hinsicht als »bekenntniswürdig« und verkündigungswert charakterisiert: Es ist (1) eine *Kraft* – (2) von *Gott* – (3) zum *Heil* – (4) für *jeden* – (5) im *Glauben* (1,16b). Die in der Auseinandersetzung mit den judaistischen Gegnern besonders brisante Betonung des »für *jeden*« (4) wird durch die Ergänzung »den *Juden* zuerst und *auch den Griechen*« (1,16c) nochmals hervorgehoben. Dass es Paulus in seiner Angabe des Briefthemas neben diesem *universalen* Aspekt des Evangeliums vor allem um die exklusive Bedeutung des *Glaubens* geht (zusammengefasst in der Wendung »für *jeden Glaubenden*«; 1,16b), zeigt sich an der doppelten Aufnahme des Glaubensmotivs im folgenden Satz: Die Offenbarung im Evangelium geschieht »*aus* Glauben *zum* Glauben«, d. h. »ausschließlich, von Anfang bis Ende im Glauben« (1,17a);

und die Schrift (Hab 2,4) spricht ausschließlich dem »aus *Glauben* Gerechten« das Leben zu (1,17b).[74]

Nun mag uns heute – mehr noch als die fünffache Qualifikation des Evangeliums – überraschen, dass Paulus als weitere Begründung für das freudige Bekenntnis der guten Botschaft Gottes und als inhaltliche Zusammenfassung angibt: »Denn die *Gerechtigkeit Gottes* wird in ihm [dem Evangelium] offenbart.« – Inwiefern kann man beim Wort Gottes von einer »erfreulichen Nachricht« reden, wenn darin Gottes *Gerechtigkeit* offenbart wird? Und was hat die Gerechtigkeit mit der Bestimmung des Evangeliums als »Kraft Gottes zum Heil für jeden Glaubenden« zu tun? Wenn doch, wie Paulus im Anschluss (Röm 1,18–3,20) selbst nochmals vergegenwärtigt, Gott ein gerechter Richter ist und jeder Mensch einmal auf der Grundlage seines gelebten Lebens von Gott ohne Ansehen der Person beurteilt werden wird (2,6 ff.), inwieweit handelt es sich dann bei Gottes Wort um eine entlastende und erleichternde Botschaft? Erwarten wir nicht von einem gerechten Richter, dass er seine Gerechtigkeit in einem unbestechlichen, analytischen Urteil erweist, dass er nach dem lateinischen Rechtsgrundsatz *suum cuique* – »jedem das Seine« – einem jeden zuteilt, was er verdient: dem zu Unrecht Verklagten den Freispruch und dem Schuldigen die verdiente Verurteilung, dem Unschuldigen die Wiedergutmachung und dem Ungerechten seine Strafe? Muss die Ankündigung einer solchen »verteilenden« Gerechtigkeit *(iustitia distributiva)* des allwissenden himmlischen Herrn nicht eher Angst und Sorge verbreiten als Hoffnung und Freude? Wer will sich denn anmaßen, nach Gottes Maßstäben und ihm gegenüber stets vollkommen und gerecht gelebt zu haben? Sind wir mit der Rede von Gottes *Gerechtigkeit* nicht vielmehr in dem zuvor beschriebenen Bereich des *Gesetzes* als in dem des *Evangeliums?*

In der Tat lässt sich mit unserem Vorverständnis von »Gerechtigkeit« das Evangelium als ein erfreuliches und kraftvolles Wort Gottes zum Heil für jeden Glaubenden kaum begreifen. Paulus schließt sich in seiner Bestimmung von der »Gerechtigkeit Gottes« jedoch vielmehr an das *alttestamentlich-jüdische* Verständnis von Gerechtigkeit an:[75]

(1) Nach alttestamentlichem Verständnis ist die »Gerechtigkeit« (hebr. *ṣedākā*) viel weniger als in unserem Denken an einer abstrakten Norm, an einem »Gesetz« orientiert, sondern an den *Beziehungen* – zunächst zu Gott, dann zum Nächsten und zum eigenen Volk. Der Mensch ist nicht *an sich* gerecht und auch nicht primär gegenüber dem *Gesetz vom Sinai* – das zweifellos die Grundlage des jüdischen Glaubens und Lebens bildet –, sondern im Hinblick auf eine konkrete, gelebte *Beziehung.* Die Aussage »Ich bin gerecht!« müsste nach alttestamentlichem Verständnis sofort präzisiert werden durch die Frage: »Wem gegenüber?« Denn die Gerechtigkeit wird hier als *Relations-*, d. h. *Beziehungsbegriff* verstanden: »Gerechtigkeit« *(ṣedākā)* ist in alttestamentlich-jüdischer Tradition das *der Beziehung entsprechende*, das *gemeinschaftsbezogene* Verhalten; und als »gerecht« gilt ein Tun, wenn es »gemeinschaftstreu«, »loyal« und »heilvoll« ist.

(2) Dieses besondere Verständnis von »Gerechtigkeit« als einem Relationsbegriff entspricht nun einer vertieften *anthropologischen* Gesamtsicht: Der von Gott geschaffene und von ihm in die Gemeinschaft gestellte Mensch existiert nicht

an sich und unabhängig von anderen, sondern er lebt in konkreten Beziehungen, im Angesprochensein und Sprechen, im Mitteilungsgeschehen zwischen Gott und seinem Volk. Was unserer individualistischen Tradition durchaus fremd erscheinen mag, ist für die biblischen Traditionen konstitutiv – d.h. wesentlich und grundlegend: Der Mensch ist für das »Wir« geschaffen, für die lebensfördernde und heilvolle Gemeinschaft. Haben die einzelnen Mitglieder eine solche zuträgliche Beziehung, dann herrscht im gefüllten Sinn »Frieden« – »Schalom«. Denn wenn der Mensch *ist*, dann ist er *in Beziehung*. Mit dem Verlust seiner lebensstiftenden und -tragenden Beziehungen ist sein Leben selbst gefährdet. Der Beziehungslose würde seine Lebensgrundlage verlieren, der von Gott und Menschen Verlassene sähe sich von der Todessphäre bedroht. Auf diesem Hintergrund gewinnt die Bestimmung der Gerechtigkeit als *ein der Beziehung entsprechendes Verhalten* einen ganz gefüllten Sinn: »Gerechtigkeit« *(ṣedāḳā)* ist nachdrücklich als *personaler* Relationsbegriff zu verstehen.

(3) Nun versteht es sich fast von selbst, dass die inhaltliche Konkretion einer solchen Gerechtigkeit von dem *jeweiligen Verhältnis* abhängig ist. Die Beziehung zu Gott ist eine andere als die zu Menschen, die Relation zum Nächsten ist nicht die gleiche wie die zum Feind. Was als gerechtes Verhalten gegenüber einem Fremden im Land gelten mag, z.B. die Duldung und die Gewährung des Gastrechtes, wäre als Verhalten gegenüber der Ehefrau und den Kindern oder auch gegenüber den eigenen Eltern unzureichend. Die *Beziehung* gibt die Kriterien für die Bestimmung des gerechten Verhaltens vor.

In Hinsicht auf die Gottesbeziehung sind die Vorgaben in der breiten alttestamentlichen Tradition im entscheidenden Punkt überraschend einheitlich und weitgehend. Ob wir an die drei ersten der Zehn Gebote denken (2. Mose 20,1 ff.; 5. Mose 5,6 ff.) oder an das bis in die Gegenwart hinein von Juden gebetete »Höre Israel, der Herr ist unser Gott, der Herr allein« (*Sch^{e}ma Jisrael*) samt dem nachfolgenden Gebot der Liebe zu Gott (5. Mose 6,4 f.), die hier beschriebene Relation ist nicht nur eine von vielen personalen Beziehungen, sie zeichnet sich vielmehr durch ihre *Ganzheitlichkeit* und *Ausschließlichkeit* aus. Die Beziehung zu Gott ist Israel von Gott selbst als eine *ganzheitlich*-personale eröffnet, oder um es mit den Worten der »Zugehörigkeitsformel« zu sagen, Gott spricht zu Israel: »Ich will unter euch wandeln und will *euer Gott* sein, und ihr sollt *mein Volk* sein« (3. Mose 26,12; vgl. Hes 37,27; Offb 21,3).

(4) Wenn aber die Beziehung zu Gott in solch radikaler und umfassender Weise als »Liebe von ganzem Herzen, von ganzer Seele und mit aller Kraft« (5. Mose 6,5) beschrieben wird und wenn die Loyalität und Treue zu Gott in der Ausschließlichkeit des ersten Gebotes bestimmt wird – »Ich bin der Herr, dein Gott, du sollst keine anderen Götter neben mir haben!« (2. Mose 20,2 f.) –, dann erscheint auch das Verständnis der Ungerechtigkeit, der Verfehlung und Sünde in einem neuen Licht. »Ungerechtigkeit« ist dann nicht nur ein konkretes unmoralisches Verhalten, sondern im Kern eine *Verletzung der persönlichen Beziehung*; und als Sünde erscheint nicht vorrangig eine bestimmte Gebotsübertretung, sondern vielmehr die *Abwendung von der Gemeinschaft*.

Das eigentliche Vergehen liegt in der *Verfehlung der Bestimmung zur Gemeinschaft*, und die Sünde ist ihrem Wesen nach *Trennung von Gott*. Alles, was von Gott trennt, ist Sünde, denn es gefährdet die Gottesbeziehung und damit das Leben; und alles, was der Beziehung zu Gott, zum Nächsten und mir selbst schadet, wird in Geboten und Weisungen – d.h. im Gesetz – als Verfehlung bestimmt. Auf diesem Hintergrund wird deutlich erkennbar, dass es bei dem biblischen Verständnis von Gerechtigkeit keineswegs um einen primär *moralischen* oder einen ausschließlich *forensisch-juristischen* Begriff geht, sondern hinsichtlich der Gottesbeziehung um einen spezifisch »*theologisch*« gefüllten: Als Gerechtigkeit gilt das der *ganzheitlich-personalen Beziehung* entsprechende Verhalten – von Gott aus gegenüber den Menschen und vonseiten der Menschen gegenüber Gott. Das konkrete Denken, Reden und Handeln wird als Ausdruck dieser Beziehung gewertet; es kann weder an die Stelle der Beziehung treten, noch könnte das moralische Verhalten seinerseits die Beziehung konstituieren, d.h. begründen oder wiederherstellen.

DAS EVANGELIUM VON DER RECHTFERTIGUNG ALS BEGNADIGUNG

Auf dem Hintergrund dieser alttestamentlich-jüdischen Tradition erscheint die Frage nach dem Evangeliumsverständnis des Apostels im Römerbrief umso spannender: Wie ist die Offenbarung der Gerechtigkeit Gottes bei Paulus als »gute Botschaft« gedacht? – Bevor der Heidenapostel in Römer 3,21 mit der positiven Entfaltung seiner Grundthese von 1,16 f. beginnt, spricht er zunächst über die *Notwendigkeit* der Offenbarung der Gerechtigkeit Gottes (1,18–3,20). Im Hinblick auf die ganzheitlich-personale Beziehung, die dem Menschen von Gott zugedacht ist, und in Anbetracht des gefüllten Verständnisses von Gerechtigkeit, könnte kein Mensch – ob Jude oder Heide – aufgrund seines Denkens, Redens und Tuns vor Gottes Angesicht als gerecht erwiesen werden.

Der Ausgang eines *analytischen* Urteils durch Gott am Tag des Gerichts ist nicht offen, sondern bereits entschieden: »Denn wir haben zuvor Anklage erhoben, dass alle, Juden wie Griechen, unter der Sünde sind« (Röm 3,9). »… damit jeder Mund gestopft werde und die ganze Welt vor Gott schuldig sei« (3,19). »Denn alle haben sie gesündigt und entbehren der Herrlichkeit Gottes« (3,23). Wie ernst Paulus dieses radikale Ergebnis meint – das er bereits in der Schrift als »Gesetz« bezeugt sieht (3,9-20; vgl. Gal 3,22) –, wird daran deutlich, dass er in seinem Schriftbeweis in Römer 4 sogar Abraham und David in die Reihe der Gottlosen und auf Vergebung angewiesenen Sünder gestellt sieht, die infolge ihres gelebten Lebens keinesfalls vor Gott bestehen könnten.

Rechtfertigung im Sinne des endgültigen und verbindlichen Freispruchs zum Leben durch Gott kann es unter dieser Voraussetzung nicht aufgrund eines *analytischen* richterlichen Urteils – und somit nicht auf der Grundlage des Gesetzes – geben[76], sondern ausschließlich als *Begnadigung* der als schuldig Erwiesenen und zu Recht Verurteilten. So wie ein Schuldiger und rechtskräftig Verurteilter hinsichtlich seines gelebten Lebens auch von einem König oder Präsidenten nicht anders beurteilt wird, wohl aber durch sie *begna-*

digt werden kann, so wird den an Christus Glaubenden im Evangelium zugesagt: »sie sind *geschenkweise* gerechtfertigt worden, d.h. sie haben *umsonst* den rettenden Freispruch empfangen, durch seine *Gnade* kraft der Erlösung, die in Christus Jesus [geschehen] ist« (Röm 3,24).

Gott als Richter rechtfertigt die unter dem *Gesetz* als schuldig Erwiesenen, indem er sie im *Evangelium* begnadigt und sie geschenkweise freispricht, ihnen wirksam zusagt: »Du bist frei!« Dieser Freispruch aber basiert eindeutig auf einem *synthetischen* Urteil Gottes: Die Rechtfertigung bewirkt selbst, was sie zuspricht; sie setzt die Gerechtigkeit und Freiheit des Menschen nicht voraus, sondern schafft sie erst durch das vollmächtige Wort. »Ich spreche dich gerecht und begnadige dich!«, ist eine *performative* – die Handlung selbst vollziehende – Aussage. Die Freiheit des Verurteilten wird durch den, der die Autorität hat, Schuldige zu begnadigen, nicht *festgestellt*, sondern *hergestellt*. Die Kraft des Evangeliums und die Gewissheit der Rechtfertigung liegen damit freilich allein in der Autorität dessen begründet, der sie zuspricht, verantwortet und verwirklichen kann.

DIE GUTE NACHRICHT VON DEM GESCHENK DER GERECHTIGKEIT GOTTES

W as ist dann aber präzise unter der »Gerechtigkeit Gottes«[77] zu verstehen, die Paulus in Römer 1,16 f. als den zentralen Inhalt des von ihm bezeugten Evangeliums von Jesus Christus angibt? Ist dabei (1) an die Gerechtigkeit gedacht, die Gott *selbst* als *Eigenschaft* hat (*Genitivus subiectivus*, Genitiv des logischen Subjekts), oder ist (2) die Gerechtigkeit gemeint, die Gott *wirkt* und *schafft (Genitivus auctoris*, Genitiv des Urhebers), oder wird (3) mit Gerechtigkeit Gottes die Gerechtigkeit beschrieben, die der Mensch *vor* Gott, *im Angesicht* Gottes erweisen muss, um vor ihm im Gericht zu bestehen – gemäß der aus der Lutherbibel vertrauten Übersetzung: »die Gerechtigkeit, die *vor Gott gilt*« *(Genitivus obiectivus*, Genitiv des logischen Objekts)? – Um eine lange und komplizierte theologische Diskussion kurz zu machen: Gemäß dem Verständnis des Paulus bringen alle drei Aspekte Entscheidendes in den Blick:

(1) *Gott* selbst hat sich – im Unterschied zu Israel und der Welt – in Christus als seinen Menschen gegenüber treu und zuverlässig und das heißt »gerecht« erwiesen; er hat sogar an seiner Erwählung und Berufung festgehalten, als die Israeliten sich – wie die Völker – nicht der von Gott eröffneten Beziehung entsprechend verhielten, sondern Gott gegenüber untreu und illoyal waren, als sie nicht »sein Volk« sein wollten und er nicht mehr als »ihr Gott« anerkannt wurde. Insofern ist es angemessen, davon zu sprechen, dass »Gerechtigkeit Gottes« *(Genitivus subiectivus) seine Eigenschaft* und *sein Verhalten* bezeichnet: Die Erlösung in Christus geschah »zum Erweis *seiner* Gerechtigkeit in der jetzigen Zeit, dass *er selbst gerecht ist* ...« (Röm 3,26).

(2) Wenn der Erweis der Gerechtigkeit Gottes darin besteht, dass er Schuldige begnadigt und Verurteilte freispricht (»Gott ist es, der gerecht macht und freispricht«, Röm 8,33) und dass er sogar den erwiesenermaßen Gottlosen gerecht spricht

(»[Abraham] glaubte an den, der den *Gottlosen* gerecht macht«, Röm 4,3), dann ist die Rede von der Gerechtigkeit Gottes als derjenigen, die er dem Menschen schafft und *für ihn* und *an seiner Stelle* bewirkt *(Genitivus auctoris)*, nicht nur zutreffend, sondern der eigentlich überraschende und zentrale Aspekt des Evangeliums. Gott ist für seinen Teil gemeinschaftstreu und gerecht, und er macht zudem – und gerade als solcher – den gerecht, der sich seinerseits illoyal und ungerecht verhalten hat. Er erweist seine Gerechtigkeit also darin, »dass er selbst gerecht *ist* und den an Jesus Glaubenden gerecht *macht*« (3,26).

(3) Schließlich ist auch der Gedanke der Gerechtigkeit, die *vor* Gott im Endgericht gilt und *ihm gegenüber* bestehen kann – also der »Gerechtigkeit Gottes« im Sinne eines *objektiven* Genitivs – durchaus für die paulinische Darstellung der Rechtfertigung zutreffend, solange stets im Bewusstsein bleibt, dass nicht an die *menschliche* Gerechtigkeit – ob als Jude, als Heide oder auch als Christ (!) – gedacht ist, sondern an die dem Menschen in Christus von Gott *geschenkte* Gerechtigkeit *(iustitia Dei passiva)*, die »Gerechtigkeit durch den Glauben an Christus, die Gerechtigkeit aus Gott auf der Grundlage des Glaubens« (Phil 3,9)! Sie kommt dem Menschen in dem Sinne als eine »*fremde* Gerechtigkeit« – *iustitia aliena* – zugute, dass ihm die Gerechtigkeit *Christi* »zugerechnet«, »zugesprochen« und »zugeeignet« wird *(iustitia imputativa)*. Denn auch die Gerechtigkeit der an Christus gläubig Gewordenen besteht prinzipiell darin, dass Christus für sie von Gott »zur Gerechtigkeit gemacht worden ist« (vgl. 1. Kor 1,30). Er, der von keiner Sünde wusste, ist für uns und

zu unseren Gunsten »zur Sünde geworden«, damit wir durch ihn »zur Gerechtigkeit Gottes würden«, d.h. zu Menschen, die in ihrem ganzen Sein durch Gottes Gerechtigkeit gekennzeichnet sind (2. Kor 5,21).

Die Zuversicht der an Christus Gläubigen basiert also nicht etwa auf der Hoffnung, dass ihr eigenes Leben seit der Taufe bzw. seit ihrem Gläubigwerden im Endgericht nach den Maßstäben der umfassenden Liebe und der uneingeschränkten Beziehungstreue bestehen könnte. Vielmehr beruht sie allein auf der im Evangelium zugesprochenen Gewissheit, dass Gott der Vater uns aufgrund seiner erwiesenen Liebe und grenzenlosen Treue – trotz aller berechtigten und unberechtigten Anklagen gegen uns(!) – endgültig begnadigen und freisprechen will (Röm 8,31-33). Und sie basiert auf der Zusage, dass Christus, der für uns Gestorbene und Auferstandene, der nun zur Rechten seines Vaters ist, trotz aller Verurteilungen hinsichtlich unseres gelebten Lebens für uns eintritt und Fürsprache für uns einlegt (8,34)! Vater und Sohn, Richter und Fürsprecher kommen in ihrem Urteil und Plädoyer überein. Bei gleichzeitiger Begnadigung durch den Vater und zusätzlicher Fürsprache durch den Sohn kann man im Sinne von Römer 8 davon sprechen, dass bei der Rechtfertigung in Christus *Gott sich selbst zuvorkommt!*

Nur unter dieser Voraussetzung wird verständlich, dass der Apostel von der endzeitlichen Rechtfertigung als einem *gegenwärtigen* Geschehen sprechen kann: »Nun wir denn *gerechtfertigt worden sind* durch den Glauben, *haben* wir Frieden mit Gott durch unseren Herrn Jesus Christus« (Röm 5,1). Stünde nach Paulus das endgültige Urteil Gottes über die

Glaubenden noch aus und wäre von der Bewährung und dem eigenen Verhalten der Gläubigen noch abhängig, ob sie im Endgericht freigesprochen oder endgültig verurteilt werden, dann wären weder die *präsentischen* Aussagen über Rechtfertigung und Heilsempfang noch auch die Zeugnisse der *Heilsgewissheit*[78] nachvollziehbar. Nicht die eigene Gerechtigkeit der Gläubigen macht gewiss, dass fortan keine Macht und keine Größe mehr die Gerechtfertigten von Gott trennen können, sondern ausschließlich die im Evangelium erklärte Liebe und Treue Gottes,[79] d. h. die »Gerechtigkeit *Gottes*«.

Selbstverständlich darf die Rechtfertigung des Gottlosen nach Paulus nicht als Rechtfertigung der *Gottlosigkeit* missverstanden werden, und ohne Zweifel sind die aus Gnaden Gerechtfertigten zum Leben in der Gerechtigkeit gemäß der Weisung Christi und durch dessen Geist befähigt und berufen. Dennoch versteht der Apostel das *Gerechtsprechen Gottes* keineswegs im Sinne der gegen die Reformatoren vertretenen *iustificatio effectiva*, der sogenannten »wirksamen Gerechtmachung«, die den Ungerechten zum faktisch ganz gerecht Lebenden machen soll, sodass dieser im Endgericht dann infolge seiner eigenen Werke als Gerechter anerkannt werden wird. Nicht erst für Martin Luther, sondern vor allem für Paulus selbst ist und bleibt es die Gerechtigkeit *Christi*, auf die sich die Hoffnung der Christen allein gründet.[80]

Zusammenfassend lässt sich also zum Verständnis der im Evangelium offenbarten »Gerechtigkeit Gottes« nach Paulus festhalten, dass die Gerechtigkeit sowohl als Gottes *Eigenschaft* im Blick ist wie auch als Gottes *Heilshandeln*, sowohl als Gottes rettende *Heilsmacht* als auch als Gottes *Heilsgabe* an den Menschen. Sie wird als geprägte Wendung bei Paulus gerade *nicht* für das gerechte Richten und Verurteilen gemäß der *iustitia distributiva* verwandt, sondern speziell für die »*heilbringende*« – d. h. freisprechende und begnadigende – Gerechtigkeit, die *iustitia Dei salutifera*. Wenn Paulus von dem Vollzug der Rechtfertigung und Gerechtmachung durch Gott spricht, meint er durchgängig die »Rechtfertigung des Gottlosen um Christi willen allein aus Gnade durch den Glauben« – also die *iustificatio impii propter Christum sola gratia per fidem* (Röm 3,24.26.28; 4,5; 5,1.9).

DIE KRAFT DES EVANGELIUMS ODER WAS DEM GESETZ UNMÖGLICH WAR

Kehren wir nun zu der Formulierung der Grundthese des Römerbriefes (1,16 f.) zurück, so werden die Charakterisierung des Gotteswortes als »guter Botschaft« und die fünffache Qualifikation des Evangeliums als »Kraft – Gottes – zum Heil – für jeden – Glaubenden« auf dem Hintergrund unserer Erkenntnisse zur »Gerechtigkeit Gottes« unmittelbar verständlich und nachvollziehbar:

(1) Die *Kraft* des Evangeliums (vgl. 1. Kor 1,18.24) gründet in der Autorität dessen, der darin spricht und der es offenbart hat, und bezieht sich zudem auf den Inhalt der »erfreulichen Nachricht«: Sie bezeugt die *Heilsmacht* und *Heilssphäre* der Gerechtigkeit Gottes, die den Sünder zu erlösen und den Gottlosen zu einem Gerechten zu machen vermag (1. Kor 2,4 f.; 1. Thess 2,13). Dabei ist das Evangelium nicht lediglich als theoretische Mitteilung über Geschehenes, sondern als wirk-

samer *Zuspruch* und als wirkmächtiger *Freispruch* zu verstehen. So wie die erste Schöpfung durch Gottes Wort und sein »Es werde …!« geschaffen wurde (1. Mose 1,3 ff.; Ps 33,6.9), so hat Gott auch durch sein Evangelium in den Herzen der Gläubigen Licht werden lassen, dass sie Gott im Angesicht Christi erkennen können (2. Kor 4,6). Das Evangelium bewirkt bei seiner Verkündigung die Rettung im Glauben, von der es Kunde gibt (Röm 10,17; Gal 3,2.5).

(2) Diese im Evangelium wirkende Kraft – *dynamis* – hat ihren Ursprung und ihre bleibende Stärke allein *in Gott* (2. Kor 4,7; 12,9; 13,4; Phil 4,13). Die Gerechtigkeit, von der das Evangelium spricht, ist ausschließlich *Gottes* Gerechtigkeit, die am Menschen wirksam ist und ihm zukommt, die aber keineswegs vom Menschen selbst hervorgebracht oder auch nur ohne Gott erhalten werden könnte. Das Evangelium spricht seinen Hörern Gottes Kraft und Wirken zu, es fordert nicht vom Menschen, dass er in seinem Reden und Tun nunmehr selbssttändig und unabhängig von Christus »göttliche« Kraft hervorzubringen oder aufzuweisen hätte. Vielmehr wirkt die Heilsmacht der Gerechtigkeit Gottes gleich einem *Kraftfeld*, das den, der sich in ihrem Wirkungsbereich befindet, mit seiner Energie beeinflusst und bewegt.

(3) Nicht weniger entscheidend ist auch die dritte Bestimmung: Die Gerechtigkeit Gottes als Inhalt des Evangeliums wirkt ausschließlich *zum Heil* des Menschen – d. h. zu seiner Rettung, seiner Heilung und Bewahrung im Heil. Paulus kann selbstverständlich auch von Gottes *Richten* und *Verurteilen* sprechen, dann gebraucht er aber – wie im unmittelbaren

Anschluss an unsere Stelle in Römer 1,18 – den Begriff »*Zorn* Gottes«[81], mit dem er speziell Gottes Endgericht über alle menschliche Gottlosigkeit und Ungerechtigkeit bezeichnet. Gottes *Gerechtigkeit* aber erweist sich ausschließlich zum Heil! – Der sinngleiche Gebrauch von Gerechtigkeit und Heil geht ebenfalls auf spezifische alttestamentliche Traditionen zurück, die wir in Jesaja 40 ff. (Jes 46,12 f.; 51,5a.8; 56,1; 59,17; 61,10 f.; 62,1 f.) und vereinzelt in den Psalmen (71,15 f.; 98,2 f.) greifen können. Dort wird dem als schuldig und straffällig erwiesenen Volk von Gott verheißen: »Höret mir zu, die ihr verlorenen Herzens seid, die ihr ferne seid von der Gerechtigkeit! Ich habe nahe gebracht *meine Gerechtigkeit*, und *mein Heil* säumt nicht« (Jes 46,12 LXX). Oder: »Schnell naht *meine Gerechtigkeit*, und *mein Heil* wird hervortreten wie das Licht; und auf meinen Arm werden die Heiden hoffen ...« (Jes 51,5 LXX). Diese – in der »Schrift« als »Verheißung«, nicht als »Gesetz« – angekündigte Offenbarung der Gerechtigkeit Gottes als rechtfertigendes und rettendes Heil erkennt Paulus in der Sendung Christi und der Gabe des Evangeliums nunmehr als verwirklicht. Er sieht sich selbst – gemäß Römer 10,9.16; 15,20 f. – offensichtlich als einen der Freudenboten, die nach Jesaja 52,7 gesandt sind, Frieden zu verkündigen, Gutes zu predigen, Heil zu verkündigen und den Antritt der Königsherrschaft des Herrn, d. h. Jesu Christi, des Gottessohnes, zu bekennen.[82]

(4) Die nächste Bestimmung: »für *jeden*«, die durch die Ergänzung »den Juden zunächst *und auch den Griechen*« ausdrücklich präzisiert wird, mag uns als überwiegend »heidenchristlich« – d. h. »nicht judenchristlich« – geprägte Kir-

che inzwischen als selbstverständlich erscheinen.[83] Dabei übersehen wir aber die grundsätzliche Bedeutung, die die universale Ausweitung des Evangeliums hat. Es wendet sich weder ausschließlich an eine bestimmte Volksgruppe noch an einzelne Stände und Gruppen noch auch ausschließlich an ein Geschlecht, sondern an *alle* Menschen – ohne Ansehen der Person. Dementsprechend gilt auch für die durch Christus Berufenen uneingeschränkt: »Es gibt nicht Juden noch Griechen, es gibt nicht Sklaven noch Freien, es gibt nicht Mann noch Frau. Ihr alle nämlich seid *einer* – ihr bildet alle eine Einheit – in Christus« (Gal 3,28).

Diese universale »Entschränkung« der Evangeliumsverkündigung war nicht nur für die damalige zeitgeschichtliche Auseinandersetzung – hinsichtlich der Aufnahme von Heiden in die von Judenchristen geprägte frühe Kirche – von größter Bedeutung. Sie repräsentiert und besiegelt die völlige *Voraussetzungslosigkeit* der Verkündigung des in Christus erschlossenen Heils. Es gibt keine *Vorbedingung*, die der Hörer des Evangeliums von sich aus zu erfüllen hätte, und es gibt keinerlei *Voraussetzung*, die er selbst mitbringen müsste, um die Heilszusage auf sich beziehen zu dürfen. Denn die Voraussetzungen und Vorbedingungen der Rechtfertigung vor Gott und der versöhnten Gemeinschaft mit ihm hat Gott jetzt seinerseits zugunsten seiner Menschen in der Sendung seines Sohnes erfüllt und verwirklicht: »Sie sind umsonst – d.h. geschenkweise – gerechtfertigt worden durch seine Gnade kraft der Erlösung, die in Christus Jesus [geschehen] ist« (Röm 3,24).

Im Evangelium wendet sich Gott den Menschen *bedingungslos* zu und nimmt sie – wie das Kreuzesgeschehen zeigt – *unbedingt* an. Denn in der Lebenshingabe Jesu für die Seinen ist nach Paulus der überwältigendste Ausdruck der vorbehaltlosen Liebe Gottes zu sehen: Christus gab sein Leben für uns hin, als wir – Heiden wie Juden (!) – noch Unvermögende, Gottlose, Feinde Gottes und Sünder waren (Röm 5,6-8).[84] Die im Evangelium verkündigte Zuwendung Gottes macht sich nicht von menschlichen Werten, Voraussetzungen und Leistungen abhängig, sondern sie gilt dem Menschen als das, was er ist. Sie hat nicht nur seine Qualitäten, sondern ihn selbst im Blick. Gottes in Christus offenbarte Liebe kommt dem Menschen nicht zu, weil er sich als liebenswert und einmalig erweisen kann, sondern der Mensch erkennt seinen wahren Wert und seine unverwechselbare Bedeutsamkeit daran, dass er von Gott geliebt wird (Röm 5,8; 8,31 f.; Gal 2,20; vgl. Eph 2,4 ff.; 5,2.25b).

(5) Wenn auch Gottes Zuwendung zur Welt zweifellos voraussetzungslos ist und seine Liebe sich in Christus als vorbehaltlos erwiesen hat, so möchten manche einwenden, dass sie trotzdem nicht ganz *bedingungslos* sei. Bei aller Voraussetzungslosigkeit der Liebe und Berufung gibt es doch scheinbar eine Bedingung, an die die Rechtfertigung aus Gnaden geknüpft wird – nämlich den *Glauben*.[85] Das Evangelium ist »Gottes Kraft zum Heil für jeden *Glaubenden*« – bzw., wie auch übersetzt wird, »für jeden, *der glaubt*«. Ist der Glaube nun die *eine* Bedingung, die der Mensch von sich aus und allein erfüllen muss, um das Geschenk der Begnadigung zu erhalten? Ist er der *eine* Schritt, den der Mensch ohne Gottes Hilfe auf Gott zugehen muss, nachdem ihm Gott in Christus 99 von 100 oder – reden wir groß von der Gnade – 999 von 1 000 Schritten entgegengekommen ist?

Wie wir bereits oben entfaltet haben,[86] können diese gedanklichen – wichtiger aber noch: seelsorgerlich bedeutsamen – Schwierigkeiten nur aufkommen, wenn man den Glauben als eine menschliche Leistung missversteht. Der »Glaube« wird aber bei Paulus keineswegs als *menschliche* Möglichkeit oder als *vom Menschen selbst* zu erbringender Beitrag dargestellt. Die von Gott geforderte und erfüllte Gerechtigkeit bedeutet doch die *ganzheitlich-personale Beziehung* und die eigentliche, grundlegende Sünde wird als die *Trennung* und *Unabhängigkeit von Gott* verstanden. Wie sollte dann der Glaube vom Menschen selbst und ohne Gott zu leben und hervorzubringen sein? Wäre dann der erste Schritt des Glaubens nicht schon wieder ein Schritt in der Unabhängigkeit und also letztlich erneut in Ungerechtigkeit?

Paulus versteht den Glauben eben nicht als *Voraussetzung* und *Vorbedingung (conditio)*, die der Mensch seinerseits und allein zu erfüllen hätte, um anschließend dafür Gerechtigkeit und Heil zu erlangen. Vielmehr beschreibt er den Glauben als die *Art und Weise (modus)*, in der Gott dem Menschen schon gegenwärtig Anteil an seiner Gerechtigkeit gibt. Der *Glaube selbst* ist schon Geschenk,[87] denn er ist die gegenwärtige Gestalt der *Gottesbeziehung*. So wird die Gerechtigkeit dem Menschen nicht »*wegen* seines Glaubens« *(propter fidem)*, sondern »*durch* den Glauben«, »*in Gestalt* des Glaubens« *(per fidem)* zugeeignet. Denn das Evangelium wird selbst als die wirkmächtige Kraft Gottes verstanden (Röm 1,16; 1. Kor 1,18.24), und schon das Zustandekommen des Glaubens wird auf das Wirksamwerden des Geistes und der Kraft Gottes zurückgeführt (1. Kor 2,4f.; 1. Thess 2,13).

Wenn der Glaube aber die gegenwärtige Gestalt der von Gott geschenkten Beziehung und Gemeinschaft mit ihm selbst ist, dann bedeutet er – wie wir gesehen haben – mehr als nur ein »Für-wahr-Halten« und als »Anerkennung« bzw. »Gehorsam«, ja, er ist noch mehr als menschliches »Vertrauen« und »Sich-Anvertrauen«. In all dem *äußert* sich der Glaube, er geht aber nicht in diesen Ausdrucksformen auf. In der Tat soll der Mensch selbst – nicht nur *einen*, sondern *unzählige* – Schritte im Glauben machen, aber er braucht keinen einzigen Schritt mehr *ohne* Christus zu gehen, schon gar nicht den ins Endgericht! Dabei ist diese auf der Basis des Glaubens gelebte Gottesbeziehung – wie jede Erfahrung echter Liebe – ausgesprochen *folgenreich*; sie bleibt aber durch ihren Geschenkcharakter für immer *voraussetzungslos* und *bedingungslos*.

Am Evangelium orientiertes Denken, Reden und Handeln verstehen sich selbst als Folgerung, Ausdruck und Wirkung der *Gemeinschaft mit Gott in Christus* und empfangen in ihr ihre *Orientierung, Weisung* und *Befähigung*. Sie dürfen aber gerade deshalb niemals zur nachträglichen Bedingung für die Beziehung umgedeutet werden: »Denn die *Gerechtigkeit Gottes* wird in ihm – dem Evangelium – offenbart aus Glauben zum Glauben, d. h. ausschließlich im Glauben; wie geschrieben steht: ›Der aus Glauben Gerechte wird leben‹« (Röm 1,17). – »So gibt es nun keine Verdammnis für die, die in Christus Jesus sind. Denn das Gesetz des Geistes, der lebendig macht in Christus Jesus, hat dich frei gemacht von dem Gesetz der Sünde und des Todes. Denn was dem *Gesetz* unmöglich war, weil es durch das Fleisch geschwächt war, *das tat Gott*...« (Röm 8,1-3).

GOTTES ERSTES UND SEIN LETZTES WORT
ABSCHLIESSENDE BEGRIFFSKLÄRUNGEN

Wenn statt des traditionellen Begriffspaares »Gesetz und Evangelium« seit einigen Jahrzehnten zunehmend die Duale »*Indikativ und Imperativ*« oder »*Zuspruch und Anspruch*« verwendet werden, ist sehr darauf zu achten, dass sich hinter den Begriffen »Imperativ« und »Anspruch« nicht wiederum das alte Missverständnis von »Gesetz« im Sinne der »Gesetzlichkeit« und der »gesetzlichen« Überforderung des Menschen verbirgt. Damit hätte man die Reihenfolge dann lediglich in »Evangelium und Gesetz« verkehrt, was die Probleme des Verstehens und des Lebens keinesfalls vermindern, sondern um ein Vielfaches vermehren würde! Das Evangelium spricht zwar auch *Imperative* aus (z.B. »Lasst euch versöhnen mit Gott!«, 2. Kor 5,20), aber keine *Appelle*, die der Mensch von sich aus und aus eigener Kraft umzusetzen hätte. Was Gott im Evangelium spricht, das will er auch durch seinen Geist in den Gläubigen tun; und was er in seinem Wort fordert, das bewirkt er auch in Christus. In Ethik, Paränese oder Paraklese wird nicht dargestellt, was der Mensch nun seinerseits und von sich aus zu seinem Heil beizutragen hätte, sondern anschaulich vor Augen gestellt, wie sich ein Leben in der Gnade Jesu Christi, in der Liebe Gottes und in der Gemeinschaft des Heiligen Geistes konkret im Leben der Glaubenden entfalten kann. Das »Gesetz Christi« und die »Tora« – d.h. die »Weisung« – des Evangeliums (Gal 6,2; 1. Kor 9,20 f.)[88] beschreiben, was geschieht, wenn nicht mehr der Mensch an sich, sondern *Christus in ihm* lebt (Gal 2,20). Das Evangelium ist gewiss zugleich – und gerade als der überwältigende *Zu-*

spruch der Liebe – auch in sich selbst der stärkste *Anspruch* an den Menschen. Aber es spricht immer von dem, was Gott durch Christus in den Glaubenden wirken will, nicht was Gott von den Glaubenden an sich und getrennt von der Wirkung seines Geistes erwartet – gemäß der Zusage von 1. Thessalonicher 5,24: »Treu ist er, der euch ruft; er wird's auch tun!«[89]

Will man hingegen mit der Umkehr der traditionellen Reihenfolge zur Geltung bringen, dass nicht das *Gesetz* vom Sinai Gottes *erstes* Wort ist, sondern seine *Verheißung* und *Erwählung* seit Abraham (1. Mose 12,1 ff.), dann empfiehlt es sich eher, wie Paulus in Galater 3 und 4 und in Römer 4 von der dreigliedrigen Abfolge »Verheißung – Gesetz – Evangelium« auszugehen. Das Gesetz vom Sinai ist nach Paulus weder Gottes *erstes* noch sein *letztes* Wort. Vielmehr wurde es von Gott zur Verheißung »hinzugefügt« (Gal 3,19; vgl. Röm 5,20), um in der Zeit bis zum Kommen Christi die Menschen bei ihrer Sünde zu »behaften« (Gal 3,22 ff.; vgl. Röm 3,19 f.). Das Gesetz hatte von Anfang an weder den Auftrag zu rechtfertigen noch das Vermögen, lebendig zu machen (Gal 3,21); denn beides steht allein dem Evangelium Christi zu, welches Abraham bereits in Gestalt der Verheißung – d. h. der rechtskräftigen und verbindlichen Zusage – im Voraus empfangen hat (Gal 3,8 f. 15 ff.; Röm 4,13 ff.). Die Reihenfolge und Rangordnung der Verfügungen Gottes sind aus der Sicht des Paulus somit weder »Gesetz und Evangelium« noch »Evangelium und Gesetz«, sondern »*Evangelium* (in Gestalt der Verheißung) – *Gesetz* – *Evangelium*«.[90] Das Wort der Anklage und des Gerichtes Gottes ist umgriffen von Gottes Wort des Segens und des gnädigen Freispruchs. Gottes erstes und sein letztes Wort ist die Zusage der endgültigen Erlösung in Christus allein auf der Grundlage des Glaubens.[91]

WAS IST GEMEINDE?
EINHEIT UND VIELFALT DER KIRCHE JESU CHRISTI

Es mag als naheliegend, für viele vielleicht als selbstverständlich erscheinen, dass wir uns angesichts der Vielzahl christlicher Kirchen, Gemeinschaften, Gemeinden und Gemeindeformen auf die historischen und theologischen Wurzeln der Kirche besinnen wollen. Lässt uns nicht schon die Rede von der »Urgemeinde« in Jerusalem an das *Ideal* und *Vorbild* der christlichen Kirche schlechthin denken? Und sind uns nicht die Verhältnisse der im Licht von Kreuz und Auferstehung Jesu und in der Vollmacht des Geistes wachsenden ersten Gemeinden durch die faszinierende Darstellung der Apostelgeschichte längst zum Leitstern unserer »Lehre von der Kirche« (Ekklesiologie) und zum Inbegriff unseres Kirchenverständnisses geworden?[92]

BESINNUNG AUF DEN AUSGANGSPUNKT DER ZIELE

In Situationen der Krise und der Orientierungslosigkeit kann der sicherste Fortschritt für uns als Individuen wie als Gemeinschaften in der Tat darin bestehen, dass wir nicht unbedacht weiterlaufen, sondern anhalten und uns auf den Ausgangspunkt unserer Ziele besinnen. Gleich einem Wanderer im Moor, der spürt, dass der Boden unter ihm nachgibt, ziehen wir uns unwillkürlich zu dem Punkt unseres Weges zurück, an dem wir noch sicheren Boden unter den Füßen hatten, um uns neu zu orientieren. Dabei darf es nicht um ein rückgewandtes und lebensängstliches Flüchten in die Vergangenheit gehen, sondern vielmehr um eine *Wiedergewinnung der Perspektive*, die uns vormals motivieren und unsere Wirklichkeit verändern konnte.

Die Rückbesinnung auf die Wurzeln der Kirche führt ohnehin nicht zu einem verklärten Bild einer »Urkirche«, in der alles noch dem Ideal entsprach und in Ordnung war. Vielmehr wird sich sehr schnell zeigen, dass es gerade der Umgang der frühen Kirche mit den außergewöhnlichen *Herausforderungen* ist, der uns bei der eigenen Bewältigung unserer gesamtkirchlichen Aufgaben heute noch Orientierung und Motivation sein kann. Dies gilt schon für die erste systematische Darstellung einer Kirchengeschichte, die Apostelgeschichte des Lukas, in der die Probleme der frühen Kirche bei aller zurückhaltenden Darstellung von Beginn an mit den Händen zu greifen sind – angefangen bei den innergemeindlichen Auseinandersetzungen zwischen den Griechisch sprechenden »Hellenisten« und den Aramäisch sprechenden »Hebräern« (Apg 6,1 ff.) über die Sonderstellung und Verfolgung des Stephanuskreises im Unterschied zum Kreis der Apostel (6,8 – 8,3) bis hin zu der grundsätzlichen und die kirchliche Einheit gefährdenden Kontroverse um die Frage der Heidenmission und der Beschneidung und Toraobservanz der Gläubigen »aus den Heiden« (Apg 10,1 – 11,18; 15,1 ff.).

Noch offensichtlicher ist der Befund, wenn wir uns dem Corpus Paulinum zuwenden, dem wir allein die Hälfte der neutestamentlichen Belege für den Begriff Ekklesia verdanken (nämlich 62 von insgesamt 114 Belegen). Zweiundzwanzig – d. h. ein Fünftel – der Belege für den Kirchenbegriff im Neuen Testament verdanken wir allein dem 1. Korintherbrief, der vor allem und durchgehend wegen der katastrophalen Gemeindeverhältnisse und untragbaren Störungen der kirchlichen Gemeinschaft verfasst worden ist. Auf diesem Hintergrund könnte man folgern, »Ekklesiologie« sei die »Lehre von der Kirche« – nicht etwa im Sinne eines *Ideals*, sondern im Hinblick auf die Bewältigung innergemeindlicher und gesamtkirchlicher *Schwierigkeiten*. Dass diese Herausforderungen angesichts einer überwiegend ablehnend und feindlich gesinnten Umwelt nur noch verstärkt werden, verdeutlichen die Apostelgeschichte (23 Belege) und vor allem die Offenbarung des Johannes (20 Belege) mit ihrer überdurchschnittlich häufigen Verwendung des Kirchenbegriffs eindrücklich.

KIRCHE, KIRCHEN ODER HAUSGEMEINDEN?

Zunächst sieht es allerdings so aus, als wäre im Neuen Testament alles etwas einfacher als in unserer Geschichte und Gegenwart der vielen Kirchen, Gemeinden und Gemeindeformen. Es beginnt schon bei den Begriffen. Das Neue Testament unterscheidet noch nicht zwischen »Kirche« und »Gemeinde«, es kennt nur *einen* Begriff: »Ekklesia«. Ekklesia kann sowohl *Kirche* im übergreifenden, überregionalen Sinn[93] bedeuten als auch die *Gemeinde vor Ort*[94], die sich – fraktioniert in verschiedene Teilgemeinden – als *Hausgemeinden* in Privathäusern[95] versammeln kann. So adressiert Paulus in 1. Korinther 1,2 seinen Brief konkret an die »Gemeinde/Kirche Gottes *in Korinth*« als die Geheiligten in Christus Jesus und die berufenen Heiligen – und darüber hinaus an »alle, die den Namen unsres Herrn Jesus Christus anrufen *an jedem Ort*, bei ihnen und bei uns«. Während er hier also die Kirche eines konkreten Ortes mitsamt allen überregionalen Kirchenmitgliedern anspricht, adressiert er seinen zweiten erhaltenen Brief an die Korinther in 2. Korinther 1,1 sowohl »an die Gemeinde/Kirche Gottes *in Korinth* samt allen Heiligen in *ganz Achaja*«, d. h. an die Gemeinde/Kirche *vor Ort* wie die Kirche einer *ganzen Provinz*. In der Ausrichtung der Schlussgrüße in 1. Korinther 16,19 finden wir die Bezeichnung der »Gemeinden/Kirchen der *Provinz* Asien« neben der speziellen Erwähnung einer von einem Ehepaar geleiteten *Hausgemeinde* in Ephesus: »Es grüßen euch die *Gemeinden in der Provinz Asien*. Es grüßen euch vielmals in dem Herrn Aquila und Priska samt der *Gemeinde in ihrem Hause*« (vgl. Röm 16,5). Der Galaterbrief schließlich ist als Zirkularschreiben an die Gemeinden/Kirchen (im Plural) der *Landschaft* Nordgalatien oder der *römischen Provinz* Galatien insgesamt adressiert (Gal 1,2).[96]

Mit Ekklesia wird bei Paulus also die Kirche in ihrer vielfältigen Gestalt (1) als die *gesamte Kirche Jesu Christi*, (2) als die zusammengefassten Kirchen einer *Provinz* oder *Landschaft*, (3) als die sich aus allen Christen zusammensetzende Kirche/Gemeinde eines *Ortes* und (4) als die sich in einem Privathaus zum Gottesdienst versammelnde kleinste Gestalt der Kirche in Form einer *Hausgemeinde* bezeichnet.

Die *eine* Kirche Jesu Christi besteht also grundsätzlich in der *Vielfalt* der sich in seinem Namen zum Gottesdienst versammelnden Kirchen und Gemeinden. Schon die kleinste Hausgemeinde ist Kirche Jesu Christi – und *die* Kirche Jesu Christi im umfassenden Sinne ist nicht weniger als die weltweite Einheit aller Berufenen und Heiligen, die den Namen des Herrn Jesus Christus anrufen an jedem Ort. Weder wird die *eine* Kirche Jesu Christi erst und ausschließlich durch die *Vielzahl* der *Einzelgemeinden* begründet, noch ist die kleinste Zelle einer Hausgemeinde unter anderen im Verbund der Ortsgemeinde eine mindere oder untergeordnete Gestalt von Kirche, sondern Ekklesia Christi im Vollsinn des Wortes.

Für unsere Themenstellung mag es schon verfremdend – oder auch erhellend – erscheinen, dass sich die frühe Kirche von Anfang an wohl grundsätzlich vor Ort aus verschiedenen »Hausgemeinden« in privaten oder angemieteten Wohnungen, Räumen oder Häusern zusammensetzte.[97] *Hauskirchen* – als gesonderte sakrale Räume innerhalb von Privathäusern – oder spezielle *Kirchengebäude* als Versammlungsort einer gesamten Ortskirche sind der neutestamentlichen und frühkirchlichen Zeit der beiden ersten Jahrhunderte noch unbekannt. So zählen wir allein für die Kirche in Rom gemäß der ausführlichen und namentlichen Grußliste in Römer 16 wohl mehr als *sieben Einzelgemeinden*, die als »Geliebte Gottes« und »berufene Heilige« gemeinsam als Ortsgemeinde angesprochen werden (Röm 16,5. 10. 11. 14. 15).[98] Dass der Begriff der Ekklesia – im Unterschied zu Römer 16,1.4 f.16.23 – in der Adressatenangabe Römer 1,7 nicht wörtlich fällt, ist eher der brisanten politischen Situation unter Claudius und Nero in der Mitte des 1. Jahrhunderts n. Chr. in Rom zuzuschreiben als einem apostolischen Vorbehalt gegenüber der Gestalt der römischen Kirche.[99] Als die Geliebten Gottes und berufenen Heiligen bilden sie fraktioniert in Hausgemeinden einzeln wie gemeinsam die Ekklesia Gottes in Rom und sind darin mit den in der Grußliste aufgeführten Kirchen (Röm 16,16b) als Einheit in Jesus Christus verbunden.

Nach Matthäus 18,20 ist die – in der Wirkungsgeschichte oft problematisierte – Verheißung Jesu Christi an seine Jünger, dass nicht nur die *Gesamt*kirche oder die *Provinz*kirche oder die Kirche eines gesamten *Ortes* oder auch nur die Versammlung von mindestens *zehn Mitgliedern* sich der Gegenwart ihres auferstandenen Herrn in ihrer Mitte gewiss sein darf, sondern schon die kleinste gottesdienstliche Versammlung von »zwei oder drei« Gläubigen, die um Christi willen zusammenkommen: »Denn wo zwei oder drei versammelt sind in meinem Namen, da bin ich mitten unter ihnen.« Damit setzt das Matthäusevangelium – das als einziges ausdrücklich den Begriff der Ekklesia schon vor der Auferstehung Jesu für die Gesamtkirche (Mt 16,18) und die Gemeindeversammlung (Mt 18,17) belegt – voraus, dass der als Immanuel – »Gott mit uns« – Verheißene (Mt 1,23) und als Weltenherrscher eingesetzte Auferstandene (Mt 28,18-20) schon die kleinste denkbare Versammlung in seinem Namen als seine Ekklesia bestimmt. Schon und gerade ihr gilt der ermutigende Zuspruch des *Christus praesens* – des in ihr gegenwärtigen Christus.

DIE EKKLESIA GOTTES

Den Begriff Ekklesia, »Gemeinde Gottes«, hatten Paulus und seine Mitarbeiter nicht etwa neu geprägt; er diente bereits als stolze Selbstbezeichnung der Urgemeinde in Jerusalem – und zwar in Übernahme der aramäischen Bezeichnung $k^e hal\ el$ – »Versammlung Gottes«.[100] Dass er nicht erst von den hellenistischen Gemeinden außerhalb Palästinas eingeführt wurde, sondern schon den palästinischen Gemeinden als Selbstbezeichnung diente, wird auch an den geprägten Wendungen der Verfolgertätigkeit des Paulus in 1. Korinther 15,9; Galater 1,13 deutlich: »Ich verfolgte die *Gemeinde Gottes*« (vgl. Phil 3,6). Theoretisch hätte sich die Urgemeinde auch im Anschluss an die griechische Übersetzung des Alten Testaments »Synagoge« nennen können. Aber da dies die »Versammlung« und dann auch den Versammlungsort der nicht an Christus glaubenden jüdischen Brüder und Schwestern bezeichnete, bot sich für die ersten Christen der aus der griechischen Umwelt bekannte Begriff Ekklesia für die im Namen Jesu Christi zusammenkommende »Gemeinde« und »Versammlung Gottes« an.[101]

Sosehr »Ekklesia« tiefsinniger Weise eigentlich »die Herausgerufene« bedeutet,[102] so hat der Begriff für die Antike als Bezeichnung für eine konkrete, aktuelle *Versammlung der Stimmberechtigten* oder für die *Heeresversammlung* etwas ganz Normales und Alltägliches. Er wird auch von den ersten Christen nicht schon von sich aus als eine geistliche Kategorie verstanden.[103] Das Besondere ergibt sich jeweils aus der Zuordnung, die durch die Ergänzung im Genitiv bzw. die präpositionale Bestimmung erkennbar wird. Denn es kommt alles darauf an, *wessen* Versammlung es ist: die Gemeinde, die Kirche *Jesu Christi* (Röm 16,16) bzw. *in Christus Jesus* (1. Thess 2,14; Gal 1,22), die Versammlung, die Kirche *Gottes* (1. Kor 1,2)[104]. Oder um es mit 1. Thessalonicher 2,14 umfassend zu formulieren: »die Kirchen Gottes … in Christus Jesus«. Wo im Neuen Testament die präzisierende Ergänzung

»Gottes« oder »Christi« fehlt, erklärt sich das durch die Eindeutigkeit des Zusammenhangs; die Zuordnung ist in diesen Fällen jeweils als selbstverständlich mitzudenken.

Unser *deutscher* Begriff »Kirche« als spezielle Bezeichnung für die *Weltkirche* oder die *Gesamtgemeinde* im Unterschied zu den Teilgemeinden oder Hausgemeinden – sowie dann nachgeordnet für das *Kirchengebäude*, in dem sich die christliche Gemeinde versammelt – ist von der umfassenden neutestamentlichen Verwendung von Ekklesia her nicht hinreichend zu erklären. Er leitet sich rein sprachlich von dem griechischen Adjektiv *kyriakos* – d. h. »dem Herrn gehörig« – ab. »Kirche« bedeutet also wörtlich »die dem Herrn gehörige Gemeinde« – unabhängig davon, ob wir dabei im deutschen Sprachgebrauch an eine Einzelgemeinde oder an die Gesamtkirche denken wollen. Auf das Kirchengebäude bezogen meint es dementsprechend wörtlich »das zum Herrn bzw. dem Herrn gehörige Haus«.

»Versammlung *Gottes*« war für die ersten Christen ein ganz bedeutungsvoller und positiv geprägter Name, weil damit in der Zeit zwischen Altem und Neuem Testament in der apokalyptisch-endzeitlich orientierten Literatur die Hoffnung verbunden wurde, dass Gott am Ende der Geschichte seine *Auserwählten* als sein Aufgebot aus Israel und den Völkern zusammenführen wird – was sich mit dem säkularen Verständnis von *Ekklesia* als der zusammengerufenen *Heeresversammlung bzw. Vollversammlung* der Stimmberechtigten in gewisser Weise berührt. Diese Gemeinschaft der Zusammengerufenen darf sich als die Gefolgschaft Gottes in der letzten geschichtlichen Stunde verstehen, in der Stunde seines Kommens. Sie sollen ihm einmal entgegenziehen und ihn dann begleiten, wenn er gleich einem königlichen Herrscher in die Stadt einzieht, um seine Herrschaft der Gerechtigkeit, der Liebe und des Friedens durchzusetzen (vgl. 1. Thess 3,13; 4,15 ff.). Dieses »kleine Häuflein«, diese »kleine Herde« (Lk 12,32) in Jerusalem – die die Urgemeinde anfangs darstellte – und die bis an das Ende der damaligen Welt wachsende Ekklesia Gottes wussten sich von Gott in Jesus Christus zu einem solchen Vorrecht der Gottesgemeinschaft und des eschatologischen Mitregierens mit Gott »berufen« und »geheiligt« (1. Kor 1,2; 2. Kor 1,1; Röm 1,7). Sie wussten sich – ob in Gestalt der kleinsten Zelle oder der Gesamtkirche Jesu Christi von Jerusalem bis Rom – als das von Gott geliebte und erwählte eschatologische Gottesvolk, das auf seinen Ruf und sein Kommen hoffnungsvoll zu warten und ihm entgegenzugehen hat. Von dort ergibt sich auch zugleich der »vorläufige« Charakter des neutestamentlichen Kirchenbegriffs und der Kirchen- und Amtsstruktur der frühen Gemeinden: Die *Struktur* und *Gestalt* der Kirche Jesu Christi auf Erden ist *vorläufig* und auf ihre eschatologische *Erlösung* – und d.h. auch: Überwindung und Aufhebung – hin angelegt.

Im Kontext dieser endzeitlichen Erwartung erklärt sich auch ein weiterer entscheidender Unterschied zur Ekklesia im profanen Sinne von aktueller Heeres- oder Volksversammlung. Während bei der bürgerlichen oder gar militärischen Versammlung die *Vollzähligkeit* und *Größe* der Ekklesia von grundlegender und ausschlaggebender Bedeutung ist, darf sich im Hinblick auf die zukünftige Sammlung aller Berufenen und Heiligen durch Christus jede auch noch so kleine Versammlung im Namen Jesu Christi stolz als vollwertiger

Teil des eschatologischen Gottesvolks – als »*die* Gemeinde Gottes« – verstehen.

DIE EINE KIRCHE UND DIE VIELEN KIRCHEN UND GEMEINDEN

Wenn sich die Einheit und Vielfalt der Kirche sowohl phänomenologisch als auch begrifflich in dem breiten Spektrum von der Gesamtkirche bis hin zur kleinsten Hausgemeinde abbilden, ergibt sich die Frage, wie die frühe Kirche das Verhältnis zwischen der einen und den vielen Kirchen bestimmte. Denn die Herausforderung der Verhältnisbestimmung ergab sich zwangsläufig an beiden Enden des Spektrums: Wie verhalten sich die *Gliedkirchen* der Provinzen bzw. Landschaften oder auch einer judenchristlichen bzw. heidenchristlichen Prägung zur *Gesamtkirche*? Und wie ist das Verhältnis der einzelnen, verschieden geprägten *Haus-* und *Teilgemeinden* zu *der* Kirche an einem Ort oder in einer Provinz bzw. Landschaft zu bestimmen?

Es könnte aufgrund der historischen Entwicklung naheliegen, die *Jerusalemer Urgemeinde* nicht nur als *Ausgangspunkt* der missionarischen Ausbreitung der frühen Kirche zu erkennen, sondern sie als die früheste »Gemeinde Gottes« zugleich auch als die erste und oberste Instanz in einer hierarchisch gegliederten Gesamtkirche zu verstehen. Sowohl die Darstellung der Apostelgeschichte wie auch die Berichte des Paulus in Galater 2 legen die Vermutung nahe, dass die »Urgemeinde« in Jerusalem dieses Selbstverständnis implizit oder auch explizit vertreten haben mag – zunächst unter der Führung von Simon

Petrus, ab den Vierzigerjahren zunehmend unter der Leitung des Herrenbruders Jakobus (s. Apg 12,17 und 15,13 ff.). Jedenfalls spiegeln beide Berichte des sogenannten »Apostelkonzils« um 48 n. Chr. in Apostelgeschichte 15,1 ff. wie in Galater 2,1 ff. sowohl die Sonderstellung der *Jerusalemer Gemeinde* als auch die herausragende Rolle des *Herrenbruders Jakobus* (Gal 2,9; Apg 15,13 ff.) neben – und zunehmend vor – den Aposteln Petrus und Johannes als den »drei Säulen« der Urgemeinde wider.

Zu dem sogenannten »Antiochenischen Konflikt« um die gemeinsame Tisch- und damit Abendmahlsgemeinschaft von Juden- und Heidenchristen kommt es nach Galater 2,11-21 dadurch, dass Jerusalemer Boten aus dem Umfeld des Jakobus in der antiochenischen Gemeinde andere Judenchristen – und unter ihnen sogar den ersten Apostel des Zwölferkreises, Simon Petrus – von der die Einheit der Gläubigen konkretisierenden Mahlgemeinschaft mit den Heidenchristen abbringen wollen. Trotz der grundsätzlich vereinbarten Aufteilung der Verkündigung unter den »Juden« durch die Jerusalemer »Säulen« und unter den »Heiden« durch Paulus und seine Begleiter (Gal 2,7-9) kommt es in der von Paulus gegründeten Gemeinde von Korinth unter Bezugnahme auf Kephas und die Jerusalemer Apostel zu ernsten Auseinandersetzungen und Streitigkeiten (1. Kor 1,10 ff. und 2. Kor 10–12). Interessieren sollen in diesem Zusammenhang nun weniger die historischen bzw. theologischen Details der Konflikte oder die Unterschiede in der jeweiligen Darstellung durch Paulus und durch Lukas in der Apostelgeschichte. Vielmehr soll die Aufmerksamkeit der Art und Weise gelten, in der Paulus das Verhältnis von *Einheit* der Kirche Jesu Christi und *Vielfalt* der verschiedenen Kirchen und Einzel- bzw. Teilgemeinden wahrnimmt und wie er selbst und seine Gemeinden diese Beziehung gestalten.

Auffällig ist auf der einen Seite die Betonung der *Selbstständigkeit* und *Gleichwertigkeit* der von Paulus als Heidenapostel gegründeten Gemeinden in ihrem Verhältnis zu der anfänglich rein judenchristlichen Urgemeinde in Jerusalem. Dies spiegelt sich wie gesagt begrifflich schon darin wider, dass Paulus die stolze Selbstbezeichnung der Urgemeinde in Jerusalem und Judäa – »die Gemeinde Gottes« (Gal 1,13; 1. Thess 2,14) – ohne Einschränkung und Abstufung auch auf die gemischten und die überwiegend heidenchristlichen Gemeinden außerhalb Palästinas anwendet. Nicht nur die Gesamtgemeinde einer *Stadt* wie Korinth oder Thessalonich (1. Kor 1,1; 2. Kor 1,1; 1. Thess 1,1) oder die Kirche einer *Provinz* wie Asia oder Achaia (1. Kor 16,19; 2. Kor 1,1) spricht er als vollwertige »Ekklesia Gottes« an, sondern auch einzelne *Hausgemeinden* innerhalb einer Stadt dürfen und sollen sich nach Paulus als vollwertige »Kirche / Gemeinde« ihres Herrn verstehen (Röm 16,5; 1. Kor 16,19; Phlm 2). Dies soll gewiss nicht im *exkludierenden* – also ausschließlichen und ausschließenden –, sondern im *inkludierenden* – also einbeziehenden und einschließenden – Sinne erfolgen. Und es soll wahrhaftig nicht in selbstherrlicher und selbstsicherer Überheblichkeit geschehen, aber doch in einem nicht gleich durch andere Autoritäten zu erschütternden Erwählungsbewusstsein. Die Kirche Jesu Christi – in welcher konkreten Gestalt auch immer – ist ihrem *Herrn* verantwortlich, nicht aber einer herausgehobenen Kirche im Gegenüber zu den Gemeinden und nicht einer festgefügten kirchlichen Hierarchie bzw. einer bestimmten menschlichen Instanz. Dass diese Selbstständigkeit für die frühen paulinischen Gemeinden von grundlegender Bedeutung sein sollte, erweist sich in den elementaren Kontroversen um die Frage der Beschneidung der Heidenchristen, der Tischgemeinschaft von Juden- und Heidenchristen und der Befolgung des Gesetzes, wie sie im 2. Korinther-, im Galater- und im Römerbrief ihren Niederschlag finden.

Auf der anderen Seite hat Paulus alles dafür eingesetzt, die *Einheit* der Kirche Jesu Christi bei aller Vielfältigkeit ihrer Gemeinden in der wechselseitigen *Anerkennung und Gemeinschaft* – und d.h. für ihn gerade in der Tisch- und Abendmahlsgemeinschaft – sichtbar und verbindlich zu bezeugen. Um dieser in Christus vorgegebenen Einheit willen hat er in Jerusalem unnachgiebig um die grundsätzliche Anerkennung der Heidenmission ohne Übernahme von Beschneidung und Toraobservanz gekämpft (Gal 2,1-10), und wegen dieser grundsätzlich bejahten Anerkennung und Annahme der Gläubigen »aus den Heiden« hat er in Antiochien nicht nur den Schülern des Jakobus, sondern sogar Petrus als einem Apostel aus dem Zwölferkreis öffentlich und persönlich ins Angesicht widersprochen. Denn wenn es um die »Wahrheit des Evangeliums« geht, dann muss die *Autorität* eigener Verkündigung an der Entsprechung zu dem *einen* Evangelium von Jesus Christus[105] und an der inhaltlichen Übereinstimmung mit dem Zeugnis der Schrift[106] und dem gemeinsamen Bekenntnis aller Kirchen erwiesen werden.[107] Menschliche Institutionen und Autoritäten können und dürfen diese Einheit nicht gefährden oder aufheben – selbst wenn es die Jerusalemer Urgemeinde oder Apostel wie Jakobus und Petrus wären (vgl. Gal 1,6 ff.; 2. Kor 11,4 f.; 12,11).

135

Die *Verbundenheit* aller einzelnen Kirchen bzw. Gemeinden innerhalb der einen Kirche Jesu Christi hat er freilich umgekehrt auch gegenüber den heidenchristlichen Gemeinden nachdrücklich zur Geltung gebracht, was vor allem in der leidenschaftlichen Durchführung der beim Apostelkonzil zugesagten Kollekte für die Bedürftigen in der Jerusalemer Gemeinde seinen Ausdruck finden sollte (1. Kor 16,1-4; 2. Kor 8 und 9; Gal 2,10; vgl. Apg 24,17). Wie viel dem Apostel gerade an diesem Ausdruck der gegenseitigen Liebe (2. Kor 8,7 f.24) und des wechselseitigen Austauschs als Indiz der Gleichheit (2. Kor 8,9.13 f.) gelegen haben muss, wird daran erschütternd deutlich, dass er ausgerechnet bei der Überbringung dieser Gabe für die Jerusalemer Gemeinde durch Verleumdungen in Gefangenschaft geraten und letztendlich hingerichtet werden sollte. Hatte er doch kurz zuvor noch der römischen Gemeinde von seiner Sorge geschrieben, dass ihm in Jerusalem Gefahr und Ablehnung – nicht nur durch die jüdischen Gegner, sondern auch durch die Reaktion der Jerusalemer Gemeinde – drohen könnten (Röm 15,30 f.).[108]

Paulus hat der Versuchung und Gefahr der Aufspaltung der frühen Kirche in zwei oder mehrere Teilkirchen – die je nach Herkunft und mehrheitlicher Zusammensetzung einzelne, voneinander getrennte Kirchen Jesu Christi hätten darstellen können – in der Tat unter Einsatz seines eigenen Lebens leidenschaftlich widerstanden. Innerhalb einer überwiegend heidenchristlichen Kirche wie der in Korinth hat er sich nachdrücklich für die Einheit und Mahlgemeinschaft der nach sozialen, kulturellen und spirituellen Differenzen (1. Kor 8–14) sowie nach verschiedenen Bezugspersonen (1. Kor 1,10-17) zerfallenden Gesamtgemeinde eingesetzt. Denn *Kirche* im eigentlichen Sinn des Wortes ist für den Apostel schon die kleinste denkbare Gemeinde, die sich im Namen Christi versammelt; aber *die* Kirche Jesu Christi im umfassenden Sinne ist für ihn nicht weniger als die weltweite und eschatologische Versammlung aller durch Gott in Christus Berufenen und Geheiligten zu allen Zeiten und an allen Orten.

EIN HERR, EIN LEIB – UND VIELE GLIEDER

Während es bisher vor allem um das Verhältnis der für Heidenchristen offenen Kirchen zu den herkömmlich judenchristlich geprägten Kirchen und damit speziell zu der ältesten und angesehensten »Ekklesia Gottes« in Jerusalem und Judäa ging, sind für eine inhaltliche Orientierung und Argumentation wohl die Abschnitte bei Paulus besonders ergiebig, in denen er sich mit der Verschiedenheit, den Interessenkonflikten und Streitigkeiten zwischen verschiedenen Gruppen – und d. h. auch Teilgemeinden – innerhalb der Kirche eines Ortes oder einer Provinz auseinandersetzt. So kann Paulus in 1. Korinther 12,12 ff. und in Römer 12,3 ff. neben dem bisher behandelten Begriff der Kirche / Gemeinde Jesu Christi zentral den des *Leibes* Jesu Christi einführen. Er wählt damit eine Bezeichnung, die wie keine andere sowohl die *Einheit* wie die *Vielfalt*, die *Gleichheit* wie die *Verschiedenheit* und die *Solidarität* wie die Identität der Kirche, der Gemeinden und der einzelnen Gemeindeglieder zur Geltung bringen kann.

Ob es um die Frage des Verhältnisses von Schwachen und Starken und des Verzehrs von Götzenopferfleisch geht (1. Kor 8–10), ob es sich um Missstände bei den gemeinsamen Abendmahlsfeiern handelt (1. Kor 11) oder um Auseinandersetzungen um Geistesgaben und Gottesdienstgestaltung (1. Kor 12–14), ob sich die Auseinandersetzungen an Vegetarismus und Weinverzicht festmachen (Röm 14) oder an dem Verhältnis von Heiden- und Judenchristen (Röm 11,17 ff.; 15,7 ff.) – in jedem Fall gelingt es dem Apostel mit seiner Argumentation von dem *einen* Leib des *einen* Herrn her, den Sinn und die Grenze der *Vielfalt* und *Verschiedenheit* der einzelnen Glieder und Untergliederungen zu erhellen: »Denn wie der Leib einer ist und doch viele Glieder hat, alle Glieder des Leibes aber, obwohl sie viele sind, doch ein Leib sind: *so auch Christus*. Denn wir sind durch einen Geist alle zu einem Leib getauft, wir seien Juden oder Griechen, Sklaven oder Freie, und sind alle mit einem Geist getränkt. Denn auch der Leib ist nicht ein Glied, sondern viele. ... *Ihr aber seid der Leib Christi* und jeder von euch ein Glied« (1. Kor 12,12–14.27).

Dabei lässt sich die Argumentation des Apostels und die strukturelle Wirklichkeit der frühen Gemeinden – mit ihren sozialen, kulturellen und spirituellen Differenzierungen – nicht für ein Monopol von »Parochialgemeinden« anführen, sehr wohl aber für die Wahrung der Einheit vielfältiger Gemeindeformen und Einzelgemeinden an einem bestimmten Ort. Von Paulus her lässt sich also weder ein exklusives »Parochialrecht« einer bestimmten institutionellen Kirche ableiten noch auch eine beliebige Aufspaltung einer Ortsgemeinde in unverbundene sogenannte »Profil-« und »Personalgemeinden« bzw. in Freikirchen, Gemeinden und Gemeinschaften mit jeweiligem Exklusivanspruch.

Die Ekklesia Gottes besteht in der Versammlung derer, die Jesus Christus als »Herrn« – als Kyrios der Welt und der Geschichte, aber vor allem auch als Kyrios seiner Kirche und der einzelnen Gemeinden – erkennen, anerkennen und bekennen (1. Kor 12,3). Die Kirche *Gottes* (1. Kor 1,2)[109] ist die Kirche *Jesu Christi* (Röm 16,16). Wie in der Rechtfertigungstheologie und der Eschatologie – der »Lehre von den letzten Dingen« – argumentiert Paulus auch in der Ekklesiologie und der Ethik eindeutig *christologisch:* Was die Einheit der Kirche in all ihrer Verschiedenheit begründet und vorgibt, ist der *eine* Herr Jesus Christus (1. Kor 8,6; 12,5).

Nun könnte man fürchten, es handle sich dabei um eine rein *formale* Bestimmung zur Förderung der Gemeinschaft der grundsätzlich Verschiedenen. »Christus« würde dann als formale Mitte und Orientierung zum Zweck einer gemeinsamen Entwicklung der Kirche bestimmt; und an diesem Ideal würde gegen die Resignation und um der theoretischen Einheit und Autorität der Kirche willen festgehalten. Jedoch ist – entgegen allem möglichen Misstrauen hinsichtlich einer »christozentrischen« Theologie – der paulinischen Ekklesiologie zu entnehmen, dass Christus gerade nicht im Sinne einer rein formalen Chiffre für die Einheit, die Autorität oder gar die Hierarchie der Kirche verstanden bzw. missverstanden werden darf.

DIE WIRKLICHKEIT GEWORDENE LIEBE ALS PROGRAMM

Die Autorität und die Herrschaft Christi werden mit der Offenbarung der *Liebe Gottes* im Christusgeschehen begründet und von ihr her entfaltet (Röm 5,8; 8,31 f.; Gal

2,20). Die Liebe Christi hat sich durch die uneingeschränkte Lebenshingabe zugunsten der Geliebten als *unbedingt* und *grenzenlos* erwiesen (Röm 5,6 ff.)[110] und im Hinblick auf die Situation der Geliebten als *voraussetzungslos* und *bedingungslos* (Röm 3,24 ff.)[111]. Damit ist der Christusbezug der Kirche sowohl ein zutiefst *persönlicher* als auch hinsichtlich der maßgebenden Orientierung ein konkret *inhaltlich* bestimmter. In der bis zur Selbsthingabe bereiten Zuwendung Christi erweist sich, was nach dem Evangelium Gottes unter Liebe zu verstehen ist: »Darum nehmt einander an, wie Christus euch angenommen hat zu Gottes Lob« (Röm 15,7). Umgekehrt würde jedes rücksichtslose Verhalten innerhalb der Gemeinden als ein Fehlverhalten denen gegenüber entlarvt, um derentwillen doch Christus gestorben ist (Röm 14,15; 1. Kor 8,11). Können menschliche Formen der Zuwendung durchaus von der Liebenswürdigkeit und dem liebenswerten Verhalten des Gegenübers abhängig sein, so gilt diese Liebe den Geliebten in ihrer Vorfindlichkeit voraussetzungslos und in der Widersprüchlichkeit ihrer Erscheinung bedingungslos und persönlich. In das Zentrum seiner Gemeindeunterweisung für das gottesdienstliche Zusammenleben in 1. Korinther 12–14 stellt Paulus so das »Hohelied der Liebe« (1. Kor 13,1-13; vgl. 8,1 ff.) und fordert seine Gemeinden und Gruppierungen innerhalb der Gemeinde dazu auf, der Liebe und damit der wechselseitigen Anerkennung, Förderung und Wertschätzung nachzustreben (1. Kor 14,1).

Diese konkrete und in Leben und Sterben Christi Wirklichkeit gewordene Liebe ist das Programm, nach dem Kirche als Leib Christi organisch wachsen und sich zielführend entfalten kann; denn Liebe ist die Fähigkeit und die Kraft der Wiederentdeckung des »Du« und des »Ihr« – auch in Selbstüberwindung und Hingabe des ansonsten an sich selbst verlorenen »Ich«. Durch die Aufwertung einer unbedingten Zuwendung und durch die Bedeutsamkeit, die durch eine uneingeschränkte Wertschätzung erkannt wird, werden die Einzelnen wie die Gemeinschaft in die Lage versetzt, auch ihrerseits Du- und Ihr-orientiert, am Wohl der anderen interessiert und auf Christus und seine Ziele bezogen zu leben. Zu einer organischen Entwicklung des Leibes Christi ist die Liebe nach Paulus nicht nur förderlich, sondern *konstitutiv* und *unentbehrlich*.

Dabei ist entscheidend, dass es bei diesem Liebesbegriff nicht nur um eine abstrakte Theorie oder um ein uneingelöstes romantisches Ideal geht, sondern um *gelebtes, lebendiges* und *zu lebendes* Leben. Die Orientierung, die die Kirche von Christus her empfängt, ist sein *gelebtes Leben*, nicht nur isoliert seine Verkündigung oder seine ethische Unterweisung.[112] Die Worte des *Ideals* zielen auf Verwirklichung der *Realität*, und die Einladung zur eigenen Umsetzung im Leben gründet auf der geschichtlich erfahrenen Wirklichkeit der Offenbarung Gottes in Christi Leben, Leiden und Auferstehen. »In Christus« – d. h. infolge seiner bis zur Lebenshingabe bereiten Liebe und in Gemeinschaft mit ihm – bilden alle Gemeindeglieder und Gliedgemeinden bereits die eine Einheit des Leibes Christi: »Denn wie der Leib einer ist und doch viele Glieder hat, alle Glieder des Leibes aber, obwohl sie viele sind, doch ein Leib sind: so ist es auch mit Christus« (1. Kor 12,12). Die organische Einheit der vielgliedrigen Kirche ist in Bezug auf ihren *einen* Herrn – und damit zugleich ihre *eine* Grundlage und ihr *eines* Ziel – weder vergangenes noch ausstehendes

Ideal, sondern bereits gegenwärtige *Realität*. Dies gilt nicht nur insoweit, wie es erkannt, gelebt und entfaltet wird, sondern gerade auch dann, wenn es durch unangemessenes Verhalten verleugnet und verraten wird. Der Apostel ermahnt seine Gemeinden und Gemeindegruppen nicht, sie sollen sich *wie* Glieder am Leib verhalten, sondern *als* Glieder, die sie in ihrer Zugehörigkeit zum Leib Christi bereits sind. Nicht nur *wie* Geschwister sollen sich die zerstrittenen Hausgemeinden und Gruppierungen versöhnen, sondern *als* Geschwister, die sie als Töchter und Söhne Gottes, des gemeinsamen Vaters, unbestreitbar sind.

DER BEZUG AUF CHRISTUS ALS KRITISCHES PRINZIP

Subjekt des Aufbaus und der Entfaltung der Kirche sind nicht einzelne menschliche Autoritäten oder Strukturen, sondern *der gekreuzigte und auferstandene Christus*, der durch die Amtsinhaber, die verschiedenen Gemeinden und Gemeindeglieder wirkt. Insofern geht es nach Paulus nicht darum, dass die Glaubenden ihrerseits versuchen, Christus als einen Abwesenden aus eigener Kraft auf dieser Welt zu vertreten, sondern darum, dass sie *erkennen*, was ihnen durch Gottes Kraft in Christus bereits real und wirksam geschenkt worden ist. Sie sollen wissen, dass Christus selbst in ihnen und in ihrer Mitte lebt, wie auch sie bereits an Christi Auferstehungsleben gegenwärtig teilhaben. Bei der Wahrnehmung und Verwirklichung der kirchlichen Gemeinschaft und Einheit geht es nicht zuerst um *menschliche Aktivitäten*, sondern um die *Erkenntnis des Wirkens Gottes*, das sich im Leben der Glaubenden entfalten will. Vor der *menschlichen Verwirklichung* von Leben und Liebe steht das *Erkennen* der überschwänglichen *göttlichen Realität* und der *Realisierung* des Lebens und der Liebe im *Christusgeschehen.*

Indem Christus selbst und er allein als *Kyrios* – als Herr der Welt und der Geschichte, als Herr der Kirche und der Gläubigen – bekannt und anerkannt wird, sind damit weder innerkirchliche Autoritäten (auch nicht die Apostel) noch irgendwelche anderen »Herren der Welt« (1. Kor 8,4 ff.) der Kirche vorgesetzt oder von ihr zu fürchten, sondern sie sind alle zugleich und in gleicher Weise Christus unterstellt. Bei aller Betonung wechselseitiger Abhängigkeit und gegenseitiger Verbundenheit der einzelnen Glieder am Leib Christi liegt in der grundsätzlichen Gegenüberstellung von Christus als dem *einen* Herrn und der ihm zugeordneten Vielzahl der gleichgestellten Glieder ein enormes Potenzial an Ermutigung, Befreiung und Aufwertung der einzelnen Gemeindegruppierungen und Gemeindeglieder. Das Verhältnis von Aposteln, Lehrern und Propheten (1. Kor 12,28) untereinander und zu den Gemeinden und Gemeindegliedern, aber auch das Verhältnis der verschiedenen Einzelgemeinden und Gemeindeformen untereinander muss nach Paulus nicht gesondert geregelt werden, solange sie alle mit ihren Gaben ausschließlich an der Förderung des Ganzen und an der organischen Ergänzung und Entwicklung des Gemeinsamen orientiert bleiben. Die Bedeutung und Hierarchie der Ämter sowie die Strukturfragen der Kirchen- und Gemeindeformen treten in dem Maße zurück, wie sich die Kirche auf ihren *einen* Herrn besinnt.

EINHEIT UND VIELFALT DER KIRCHE JESU CHRISTI ALS DES ESCHATOLOGISCHEN GOTTESVOLKS

Der Rückblick auf die historischen und theologischen Wurzeln der einen Kirche Jesu Christi kann uns angesichts der Vielzahl und Vielgestaltigkeit unserer gegenwärtigen Kirchen, Konfessionen, Gemeinden und Gemeindeformen in der Tat dazu verhelfen, uns neu auf den *Ausgangspunkt* unserer eigenen *Ziele* zu besinnen und die *zukunftsfähige* Perspektive der *frühen Kirche* wiederzugewinnen. Dabei haben sich nicht nur die Ideale und theoretischen Erwägungen einer am Neuen Testament orientierten »Lehre von der Kirche« als inspirierend erwiesen, sondern vor allem der pragmatische Umgang mit den Herausforderungen der frühen Kirche und die lebensförderliche und beziehungsorientierte Auseinandersetzung mit den Schwierigkeiten und Problemen der ersten Gemeinden.

Ein überraschender Aspekt mag dabei schon in der Erkenntnis liegen, dass die Vielfalt und Vielgestaltigkeit der Kirche und der Gemeinden kein Phänomen einer historischen Spätentwicklung ist, sondern seit ihren Anfängen als »Urgemeinde« in Jerusalem die Gestalt der »Ekklesia Gottes« bestimmt. Spiegeln sich doch bereits bei den Auseinandersetzungen zwischen den Griechisch sprechenden »Hellenisten« und den Aramäisch sprechenden »Hebräern« in der Urgemeinde nach Apostelgeschichte 6,1 ff. die Herausforderungen der Vielfalt von Gemeindeformen wider, die sich nicht zuletzt in Fragen der Versorgung und Ressourcenverteilung äußern. Sosehr das Neue Testament nur ein und denselben Begriff für die »Kirche«, die »Gemeinde« und die »Gemeinschaft«

gebraucht – nämlich »Ekklesia« –, sosehr setzt sich diese von Anfang an als ein Organismus aus zahlreichen – ethnisch, kulturell, organisatorisch und theologisch verschieden geprägten – Gliedern und Gliedkirchen zusammen.

Schon der Begriff »Ekklesia Gottes« / »Versammlung Gottes« erinnert die Kirche zu allen Zeiten und an jedem Ort an ihre *theologische* wie *eschatologische* Wesensbestimmung. Was die Ekklesia ist, das ist sie durch ihre Zugehörigkeit zu dem Gott, der sie in Christus »herausgerufen« und »berufen« hat als die »Vollversammlung« seiner Auserwählten, als die »Heeresversammlung« seiner endzeitlichen Gefolgschaft am Tag seiner Erscheinung. So ist die Kirche *theologisch* durch ihre Zugehörigkeit zu Gott in seinem Sohn, Jesus Christus, charakterisiert und *eschatologisch* durch die Zukunftsperspektive ihrer Entwicklung. Gegen alle Depression und Resignation angesichts der Wirklichkeit kann die Kirche sich von der Realität ihres Gottesbezugs und ihrer auf sie zukommenden Vollendung her verstehen. Ihre Geschichte läuft nicht *ab*, sondern *an*. Ihre Hochzeit hat sie nicht hinter sich, sondern allemal noch vor sich. Ihr Ideal liegt nicht in den verlorenen Anfängen, sondern in ihrer immer wieder neu gefundenen Hoffnung auf die gewisse Zukunft. So ist die Einheit der Kirche – gerade auch angesichts ihrer gegenwärtigen vielfältigen Untergliederungen – bereits vor allen ökumenischen Bemühungen in ihrer gemeinsamen Zugehörigkeit zu dem *einen* Gott und in ihrer Gewissheit der eschatologischen Vollendung als des *einen* Gottesvolks angelegt und gegeben.

Als *Wirklichkeit* wird diese Einheit schon gegenwärtig erfahren und gestaltet, wenn sich diese Kirche in ihrer Zugehörigkeit und in ihrem grundsätzlichen Gegenüber zu Christus als ihrem Herrn erkennt. Die *christologische* Begründung der Einheit der Kirche enthält das *kritische* Element gegenüber allen Ansprüchen menschlicher Vorherrschaft, das *vergewissernde* Element einer voraussetzungslosen Annahme und bedingungslosen Zuwendung, das *paränetische* Element einer verbindlichen Beziehungswirklichkeit sowie das *eschatologische* Element einer zuversichtlichen Erfüllungsgewissheit mitten in und jenseits der eigenen Erfahrung. Durch Christus und im Bezogensein auf ihn verwirklicht sich die Realität der Einheit schon gegenwärtig; und im Blick auf ihn als den einzigen Herrn der Kirche gestalten die Glieder und Gliedkirchen ihre die Grenzen überwindende Einheit als Leib Christi bereits mitten in ihrer Vielgestaltigkeit und Vielfalt.»Denn wie der Leib eine Einheit ist, doch viele Glieder hat, alle Glieder des Leibes aber, obgleich es viele sind, einen einzigen Leib bilden: so ist es auch mit Christus« (1. Kor 12,12).

ANMERKUNGEN

1 S. zum »Gesunden im Glauben« Tit 1,13; 2,2; vgl. zur »gesunden Lehre« 1. Tim 1,10; 2. Tim 4,3; Tit 1,9; 2,1.8.

2 Vgl. zur Erfüllungsgewissheit auch Mt 12,28 (par. Lk 11,20): »Wenn ich aber durch den Geist Gottes die bösen Geister austreibe, so ist die Königsherrschaft Gottes zu euch gekommen/euch erschienen.« Vgl. Mk 3,27.

3 S. Mk 1,29-31.32-34.40-45; 2,1-12; 3,1-6; 3,7-12; 5,21-43; 6,53-56; 7,31-37; 8,22-26; 10,46-52.

4 S. Mk 1,23-28.32-34; 3,7-12; 5,1-20; 7,24-30; 9,14-29.

5 S. Mk 2,1-12.13-17.

6 Vgl. zum Ganzen H.-J. Eckstein, Glaube und Sehen. Markus 10,46-52 als Schlüsseltext des Markusevangeliums, in: ders., Der aus Glauben Gerechte wird leben. Beiträge zur Theologie des Neuen Testaments, BVB 5, 2. Aufl., Münster u.a. 2007 (2003), 81-100.

7 S. Mk 5,34; 10,52; Lk 7,50; 17,19.

8 Dies gilt gerade auch für das Johannesevangelium, für das die Heilungen als »Werke« des himmlischen Vaters in seinem Sohn und als »Zeichen« für das in ihm bereits offenbarte ewige Leben von besonderer Bedeutung sind – bis hin zur zentral entfalteten Auferweckung des Lazarus in Joh 11. Vgl. Joh 4,43-54 Heilung des Sohnes eines königlichen Beamten (vgl. Mt 8,5-13 par. Lk 7,1-10); Joh 5,1-9(-47) Heilung des Gelähmten am Teich Bethesda (S); 9,1-7(-41) Heilung des Blindgeborenen (S); 11,1-46 Auferweckung des Lazarus (S); vgl. zum Ganzen Joh 2,11.23; 10,25 f.37 f.; 12,37 f.; 14,10 f.; 20,30 f.

9 S. zur auf die Jünger Jesu übertragenen Vollmacht Mk 6,7.13 par.; Lk 10,9.17-20; s. zur nachösterlichen Situation Mk 16,17-20; Apg 3,1 ff.; 5,12.15 f.; 14,9; 19,11 f.; 28,8 f.

10 S. zum Ganzen H.-J. Eckstein, Das Wesen des christlichen Glaubens, in: ders., Der aus Glauben Gerechte wird leben (s.o.), 3-18; H.-J. Eckstein, Glaube und Erfahrung. Von der Realität des Geglaubten, in: ders., Wenn die Liebe zum Leben wird. Zur Beziehungsgewissheit, Grundlagen des Glaubens 3, Holzgerlingen 2010, 13-47.

11 Vgl. in diesem Zusammenhang auch Joh 3,36; Apg 14,2; 1. Petr 2,8; 3,1; 4,17.

12 Röm 6,8; 10,9; 1. Thess 4,14.

13 Für Paulus untypisch; s. 1. Kor 13,7; vgl. 2. Thess 1,10b; Joh 11,26b.

14 S. Röm 4,3.17; Gal 3,6.

15 S. Gal 2,16; Röm 10,14a; Phil 1,29.

[16] Zum Verständnis des Glaubens als eines personalen Beziehungsbegriffs im Licht der Liebe Gottes s.H.-J. Eckstein, »Gott als Vater« – das zentrale christliche Gottesverständnis?, in: ders., Wenn die Liebe zum Leben wird (s.o.), 49-87; H.-J. Eckstein, Du liebst mich, also bin ich. Gedanken, Gebete und Meditationen, 15. Aufl., Holzgerlingen 2009 (1989).

[17] Auch die Rede vom »Glauben Christi« u.Ä. in Röm 3,22.26; Gal 2,20; Phil 3,9 spricht nicht etwa vom »Glauben, den Christus hatte«, sondern – wie auch Gal 2,16; Röm 10,14; Phil 1,29 ausdrücklich bestätigen (»an Christus glauben«/»an Christus gläubig werden«) – vom »Glauben an Christus« im oben beschriebenen umfassenden Sinn.

[18] Röm 1,17; 3,26.30; 5,1; 9,30; 10,6; Gal 2,16c; 3,8.11.(22.)24; 5,5.

[19] Röm 3,22.30; Gal 2,16a; Phil 3,9.

[20] S. neben Röm 3,24 vor allem Phil 1,29: »Denn euch ist es *geschenkt* um Christi willen, nicht allein an ihn zu glauben ...« Vgl. Eph 2,8: »Denn aus Gnade seid ihr selig geworden *durch Glauben*, und das nicht aus euch: *Gottes Gabe* ist es.«

[21] In diesem Zusammenhang der Heilsgewissheit und Zuversicht in Anfechtung und Leiden gehört auch die Erkenntnis der dem Glauben vorangehenden göttlichen Erwählung und Berufung; s.Röm 8,28-30; 9,11 f.15 f.23 f.; 11,5-7.28 f.; 1. Kor 1,27; 1. Thess 1,4; vgl. Eph 1,2-12; 2,8; 2. Thess 2,13-17; 2. Tim 1,9.

[22] S. zur Gewissheit des Heils Röm 3,2 f.; 5,1; 6,22 f.; 8,1.16 f.28-39; 10,9-13; 11,29; 14,4; 1. Kor 1,8 f.; 10,13; 2. Kor 1,21 f.; 5,5-8; Phil 1,6.

[23] Gegenüber denen, die sich in der Gemeinde in Philippi selbst schon für »vollkommen« hielten, betont Paulus, dass er das himmlische Ziel und Christus selbst noch nicht ergriffen *habe*, aber eben von ihm bereits ergriffen *sei* (Phil 3,12).

[24] Vgl. nur Röm 8,1-14; 1. Kor 13; Gal 5,22.

[25] S. Röm 5,12 ff.; 6,1 ff.; 7,7 ff.; 8,1 ff.

[26] S. Röm 8,14-17.21.23; Gal 3,26; 4,5-7.

[27] Zu Gott als »Vater« s.wiederum Röm 8,14 ff.; Gal 3,26; 4,5-7.

[28] S. zu Christus als Bräutigam und der Gemeinde als Braut 2. Kor 11,2; vgl. Eph 5,25 f.

[29] Wenn man es mit philosophischen Begriffen sagen will: Gott als Schöpfer ist nicht nur als *ein* »Seiender« unter anderen vorzustellen, sondern als das »Sein« selbst.

[30] Zu Gottes Liebe als Agape *(agapē)* im Unterschied zu Eros s. H.-J. Eckstein, Geliebt, erkannt und anerkannt. Zum Wesen der Liebe, in: ders., Wenn die Liebe zum Leben wird, 111-122.

[31] Vgl. zum Ganzen H.-J. Eckstein, Glaube, der erwachsen wird, 7. Aufl., Holzgerlingen 2008 (1986), 19-90; H.-J. Eckstein, Gott wird Mensch. Vom menschlichen Gottesbild zum christlichen Menschenbild, in: ders., Glaube als Beziehung, 3. Aufl., Holzgerlingen 2010 (2006), 9-32.

[32] S. zur Gegenwärtigkeit des Heils im Johannesevangelium vor allem: Joh 3,13-21; 3,31-36; 4,23; 5,20-27; 11,23-25; 12,44-50. Dem entspricht der Zuspruch der gegenwärtigen Gewissheit des Heils für die Glaubenden als uneingeschränkte *certitudo* (im Sinne von »Christusgewissheit« – im Gegensatz zu *securitas* im Sinne von »Selbstsicherheit«): Joh 3,15 f.36; 5,24; 6,37.39 f.47.54; 8,51; 11,25 f.; 17,2.6 ff.; 20,31 (vgl. 1. Joh 3,1 f.14.19 f.; 4,13; 5,11-13). Zur Gewissheit der zukünftigen Bewahrung der Glaubenden durch Christus im Heil *(Perseveranz)* s. Joh 10,27-30; 17,9.11b.15 (vgl. 1. Joh 2,19).

[33] S. zum Ganzen H.-J. Eckstein, Christus in uns. Zu einer voraussetzungslosen, aber folgenreichen Beziehung, in: ders., Glaube als Beziehung (s. o.), 59-71.

[34] Zum Ganzen s. u. unter »Vergebung der Sünden. Von der Rückkehr ins Wir«, S. 69 ff.

[35] S. zum Ganzen H.-J. Eckstein, »Ihr werdet den Himmel offen sehen«. Zur Wiederentdeckung der Hoffnung, in: ders., Zur Wiederentdeckung der Hoffnung. Grundlagen des Glaubens, 2. Aufl., Holzgerlingen 2008 (2002), 9-44.

[36] Vgl. Phil 4,11-13; Röm 5,1-5 und zum Rühmen der Schwachheit 2. Kor 10,8.17; 11,16 ff.30; 12,5.

[37] Nach einem Beitrag in IdeaSpektrum 12/2010, 16-18.

[38] S. zum »Blut Christi« Röm 3,25; 5,9; vgl. Eph 1,7; 1. Joh 1,7.

[39] Zum Blut als Träger des Lebens s. 3. Mose 17,11.14.

[40] Vgl 1. Kor 1,23 f.: »Wir aber predigen den gekreuzigten Christus, den Juden ein Ärgernis und den Griechen eine Torheit; denen aber, die berufen sind, Juden und Griechen, predigen wir Christus als Gottes Kraft und Gottes Weisheit.«

[41] Nach einem epd-Interview mit Hans-Joachim Eckstein, epd 0653 vom 23.03.2010. Die Fragen stellte Marcus Mockler.

[42] S. Apg 2,23 f.; 3,15; 4,10; 5,30; 10,39 f.; 13,29 f.

[43] S. zur Vertiefung H.-J. Eckstein, Glaube, der erwachsen wird, 7. Aufl., Holzgerlingen 2008 (1986), 19 ff.; ders., Glaube als Beziehung (s. o.), 9 ff., 33 ff.

[44] Erweiterte Fassung einer Lehr-Predigt in der Stiftskirche in Tübingen (Kurzfassung: H.-J. Eckstein, Vergebung der Sünden, in: J. Th. Hörnig [Hg.], Apostolicum. Tübinger Predigten, Stuttgart 2005, 98-106).

[45] Nach einem Vortrag auf der Theologischen Woche 2009 in Dietzhölz-tal-Ewersbach (vgl. Theologische Impulse 19, Witten 2009, 29-61).

[46] S. Gal 2,16; Röm 3,20; in Aufnahme von Ps 143,2. Vgl. U. Wilckens, Was heißt bei Paulus: »Aus Werken des Gesetzes wird kein Mensch gerecht«? in: ders., Rechtfertigung als Freiheit. Paulusstudien, Neukirchen-Vluyn 1974, 77-109.

[47] S. Röm 6,14; 7,1-6; 10,4; 1. Kor 9,20 f.; 2. Kor 3,6; Gal 2,4.19; 3,25; 4,5; 5,1-4.18. S. zum Ganzen H.-J. Eckstein, Verheißung und Gesetz (s. o.), 68 ff., 217 ff., 246 ff.; H.-J. Eckstein, Auferstehung und gegenwärtiges Leben nach Röm 6,1-11. Präsentische Eschatologie bei Paulus? in: Der aus Glauben Gerechte wird leben (s. o.), 36-54; O. Hofius, Das Gesetz des Mose und das Gesetz Christi, in: ders. Paulusstudien, WUNT 51, 2. Aufl., Tübingen 1994, 50-74.

[48] Vgl. Röm 1,5; 15,16; Gal 1,16; 2,2.7-9.

[49] Von einer »Inferiorität« – d. h. »Unterlegenheit«, »untergeordneten Stellung« oder gar »Minderwertigkeit« – der Sinai-Tora kann bei Paulus lediglich im Vergleich zur Verheißung Gottes an Abraham gesprochen werden. Denn während die Verheißung unmittelbar von Gott zugesprochen worden ist und Abraham die Segenszusage persönlich erhalten hat (Gal 3,6-20), wurde das Gesetz vom Sinai nur mittelbar von Gott – nämlich durch Engel – gegeben und hat Israel diese spätere Verfügung nur mittelbar – nämlich durch Mose – empfangen. Davon, dass diese Engel gegen Gott und seinen Willen gehandelt hätten, spricht Paulus aber nirgendwo. S. zu Begründung und Diskussion H.-J. Eckstein, Verheißung und Gesetz (s. o.), 190 ff., hier 200. Anders z. B. H. Hübner, Art. νόμος / nomos / Gesetz, EWNT II, Stuttgart 1981, 1158-1172, hier 1169: »Die Funktion des nur durch Engel (wohl dämonische Wesen [!]) gegebenen (Absentierung Gottes[!] aus dem Akt der Gesetzgebung) und zeitlich begrenzten Gesetzes ist es, Sündentaten zu provozieren [!] (3,19 f.) und somit unter die Macht der Sünde zu stellen.«

[50] Vgl. Röm 3,21.31 und 4,1 ff.; Gal 3,8.

[51] Vgl. Röm 1,9.16 f.; Gal 1,6-17.

[52] S. auch 1. Kor 9,21: »im / unter dem Gesetz Christi stehend«.

[53] So Röm 3,19a (nach Propheten- und Psalm-Zitaten); 3,31 (s. den folgenden Schriftbeweis in 4,1 ff., vor allem 4,3a: »Schrift«); 1. Kor 14,21 (Zitat Jes 28,11 f.); 14,34 (1. Mose 3,16); Gal 4,21b (1. Mose 16 und 21); vgl. Joh 10,34; 12,34; 15,25.

[54] Vgl. Mt 5,17; 7,12; 11,13; 22,40; Lk 16,29-31; 24,27. S. zur Dreiteiligkeit des Kanons in Lk 24,44 die im Neuen Testament einmalige Bezeichnung: »Gesetz des Mose, Propheten und Psalmen« (wobei die

Psalmen wiederum als *prima pars pro toto* für die »Schriften« stehen); vgl. zuvor Sirach, Prolog 1: »das Gesetz, die Propheten und die übrigen ihnen Folgenden«.

55 So in Röm 2,12-15.17 f.20.23.25-27; 3,19b.20 f.27a.28; 4,13-16; 5,13.20; 6,14 f.; 7,1-9.12.14.16.22.23b.25; 8,3 f.7; 9,31; 10,4 f.; 13,8.10; 1. Kor 9,8 f.20; 15,56; Gal 2,16.19.21; 3,2.5.10-13.17-19.21.23 f.; 4,4 f.21a; 5,3 f.14.18.23; Phil 3,5 f.9 (bei Paulus finden sich insgesamt 121 [119] von 194 Belegen im Neuen Testament).

56 Zur Unmöglichkeit der Rechtfertigung aufgrund von Toraobservanz nach Paulus s. Röm 3,20 (Ps 143,2); 3,28; 4,13 f.; 8,3a; Gal 2,16 (Ps 143,2); 2,21; 3,11 f.21.

57 S. G. Klein, Art. Gesetz III, TRE 13, Berlin 1984, 58-75, hier 67-71 (»das Gesetz in dieser Perversionsform [!]«, 67); vgl. R. Bultmann, Röm 7 und die Anthropologie des Paulus, in: ders., Exegetica. Aufsätze zur Erforschung des Neuen Testaments, Tübingen 1967, 198-209, hier 200: »Schon die Absicht, durch Gesetzeserfüllung vor Gott gerecht zu werden, ist die Sünde, die an den Übertretungen nur zu Tage kommt«; ders., Christus ist des Gesetzes Ende, in: ders., Glauben und Verstehen, Bd. II, 5. Aufl., Tübingen 1968, 32-58, hier 37 ff.; H. Hübner, Das Gesetz bei Paulus. Ein Beitrag zum Werden der paulinischen Theologie, FRLANT 119, 2. Aufl., Göttingen 1980, 28 ff.

58 Vgl. J. D. G. Dunn, Romans 1-8, WBC 38A, Dallas/Texas, 153 f. 185 f.; ders., The New Perspective on Paul, BJRL 65 (1983), 95-122. S. zum Ganzen C. Strecker, Paulus aus einer »neuen Perspektive«. Der Paradigmenwechsel in der jüngeren Paulusforschung, KuI 11, 1996, 3-18; M. Bachmann, J. D. G. Dunn und die Neue Paulusperspektive, ThZ 63, 2007, 25-43; C. Landmesser, Umstrittener Paulus. Die gegenwärtige Diskussion um die paulinische Theologie, ZThK 105 (2008), 387-410.

59 Zu »Toraobservanz« im umfassenden Sinne als Weg zur Gerechtigkeit, d. h. zum Heil s. Gal 5,4: »die ihr durch das Gesetz/im Gesetz gerechtfertigt werden wollt«. So in den Wendungen »aus Werken des Gesetzes« (Röm 3,20; Gal 2,16 [3x]; 3,2.5.10), kurz: »aus Werken« (Röm 4,2; 9,12.32; 11,6); »ohne Werke des Gesetzes« (Röm 3,28), kurz: »ohne Werke« (Röm 4,6); »im Gesetz« (Gal 3,11; 5,4; Phil 3,6); »aufgrund des Gesetzes« (Röm 10,5; Gal 3,21; Phil 3,9); »durch das Gesetz« (Gal 2,21). S. zum Ganzen H.-J. Eckstein, Verheißung und Gesetz (s. o.), 21 ff., 49 ff., 76 ff., 86 ff., 104 ff., 121 ff.

60 Gemäß Röm 7,13 im Sinne von: »sich als sündig erweise, als sündig erscheine und sichtbar würde«.

[61] Vgl. Gal 3,22: »Es hat aber die Schrift alles eingeschlossen unter die Sünde, damit die Verheißung durch den Glauben an Jesus Christus gegeben würde denen, die glauben.«

[62] Zu »unter dem Gesetz sein« s. auch Gal 4,4 f. 21; 5,18; Röm 6,14 f.; vgl. 1. Kor 9,20; Gal 3,23.

[63] S. Röm 14,15; 15,1-3.7; 1. Kor 8,11; 2. Kor 8,7-9; Phil 1,27 – 2,18.

[64] S. 2. Kor 3,14-17: »Denn bis auf den heutigen Tag bleibt diese Decke unaufgedeckt über dem Alten Testament, wenn sie es lesen, weil sie nur in Christus abgetan wird. Aber bis auf den heutigen Tag, wenn Mose gelesen wird, hängt die Decke vor ihrem Herzen. Wenn Israel aber sich bekehrt zu dem Herrn, so wird die Decke abgetan« (vgl. Phil 3,7-9; Röm 10,1-4).

[65] S. zur Bezeichnung des Alten Testaments als der »Bibel« sowohl der Juden als auch der ersten Christen: die »Schrift« Gal 3,8.22; 4,30; Röm 4,3; 9,17; 10,11; 11,2; im Plural: die »Heilige[n] Schrift[en]« Röm 1,2. Die spätere Bezeichnung für die »Bibel« insgesamt – »Biblion«, »Biblos«, »das Buch« – findet sich im Neuen Testament noch in der begrenzten Bedeutung von »Schriftrolle«: z. B. Gal 3,10 (Torarolle); Lk 4,17.20 (Rolle des Propheten Jesaja); Mk 12,26 (das Buch des Mose); Lk 3,4 (das Buch der Worte des Propheten Jesaja).

[66] Dies gilt sogar von dem durch die Gesetzesproblematik veranlassten Galaterbrief! Bevor Paulus in Gal 2,16 den Begriff des »Gesetzes« einführt, hat er zuvor bereits ausführlich vom »Evangelium« bzw. von der »Evangeliumsverkündigung« gehandelt (Gal 1,6 f.8 f.11 f.16.23; 2,2.5.7.14).

[67] S. zu »das Evangelium« absolut, d.h. ohne Ergänzung: Röm 1,16; 10,16; 11,28; 1. Kor 4,15; 9,14.18.23; 2. Kor 8,18; 11,4; Gal 1,11; 2,2.5.14; Phil 1,5.7.12.16.27; 2,22; 4,3.15; 1. Thess 2,4; Phlm 13; vgl. Gal 1,6 (»anderes Evangelium«). Mit Genitivus subiectivus (»Gottes«): Röm 1,1; 15,16; 2. Kor 11,7; 1. Thess 2,2.8.9. Mit Genitivus obiectivus: Röm 1,9 (»seines Sohnes«/»von seinem Sohn«); 15,19 (wie im Folgenden: »Christi«/»von Christus«); 1. Kor 9,12; 2. Kor 2,12; 9,13; 10,14; Gal 1,7; Phil 1,27; 1. Thess 3,2; 2. Kor 4,4 (»der Herrlichkeit Christi«/»von der Herrlichkeit Christi«); Röm 10,8.17 wegen des Kontextes (5. Mose 30,14): »das Wort (Christi)«. – Vgl. noch »mein Evangelium« (Röm 2,16; 16,25); »unser Evangelium« (2. Kor 4,3; 1. Thess 1,5 – »das von mir / von uns verkündigte Evangelium); »das Evangelium der Unbeschnittenheit« (Gal 2,7 – »das Evangelium für die Unbeschnittenen«). – Entscheidend ist, dass die Evangelienschriften des Neuen Testaments sich selbst als das apostolische Zeugnis von dem *einen* und *vorgegebenen Evangelium* verstehen

(s. Lk 1,1-4) und nicht ihrerseits *verschiedene Evangelien* (im Plural) mit menschlichen Autoren darstellen wollen. Dementsprechend lauten auch die frühesten Evangelienüberschriften:»Evangelium *nach* Matthäus«,»– *nach* Markus«,»– *nach* Lukas« und»– *nach* Johannes« oder einfach»*Nach* Matthäus« usw. Wenn wir heute vom»Matthäusevangelium« usw. sprechen, ist aus der ursprünglichen Bezeichnung für die Selbsterschließung Gottes in Jesus Christus –»das Evangelium *Gottes*« – die Benennung einer *Darstellungsform* bzw. einer *Buchgattung* geworden.

[68] S. zu»das Wort« Phil 1,14 (Textvariante); 1. Thess 1,6;»das Wort Gottes« 1. Kor 14,36; 2. Kor 2,17; 4,2; 1. Thess 2,13; vgl. Phil 1,14 (Textvariante) –»das Wort vom Kreuz« (1. Kor 1,18);»das Wort von der Versöhnung« (2. Kor 5,19).

[69] Jesus Christus ist den Aposteln bei deren Einsetzung als der Auferstandene erschienen (»er ist erschienen«, 1. Kor 15,5-10; vgl. Lk 24,34); er wurde ihnen von Gott offenbart (»Offenbarung« –»offenbaren«, Gal 1,12.16); er wurde von ihnen»gesehen« (1. Kor 9,1) und erkannt (2. Kor 4,6; Phil 3,8); – s. zu Berufung zum Apostel Röm 1,1.5; 1. Kor 9,1; 15,8-10; Gal 1,1.11 f.15 f. (Jer 1,5; Jes 49,1); vgl. Röm 15,15 f.; 2. Kor 4,6; 5,18-20; Gal 2,7-9; Phil 3,8; – nach Lukas: Apg 9,1 ff.; 22,6 ff.; 26,12 ff. und zum Apostelbegriff Apg 1,21 f.

[70] Zu Jesus Christus als dem *Inhalt* des Evangeliums s. auch 1. Kor 1,23; 2,2; 2. Kor 1,19; 4,5; Gal 3,1.

[71] S. zu»Kerygma«/»Verkündigung« 1. Kor 1,21; 2,4; 15,14; zu»Kunde«/»Predigt« Röm 10,16 f.; Gal 3,2.5; 1. Thess 2,13; zu»Zeugnis« 1. Kor 1,6; zu»Ermahnung«/»die Ermunterung« 1. Thess 2,3; zu »Evangelium verkündigen« absolut: Röm 1,15; 15,20; 1. Kor 1,17; 9,16.18; 2. Kor 10,16; Gal 4,13; mit Objektsakkusativ: Röm 10,15; Gal 1,16; 1,23; s. vor allem die *figura etymologica*»das Evangelium als Evangelium verkündigen« in 1. Kor 15,1; 2. Kor 11,7; Gal 1,11; (von einer menschlichen»guten Nachricht« 1. Thess 3,6).

[72] S. auch die Auseinandersetzung um die grundlegende Frage der beschneidungsfreien Heidenmission im Zusammenhang des sogenannten»Apostelkonzils« (Gal 2,1-10; Apg 15,1-29; vgl. Apg 10,1 – 11,18).

[73] Vgl. Röm 10,17; Gal 3,2.5.

[74] Vgl. zum Ganzen *allgemeinverständlich* H.-J. Eckstein, Glaube, der erwachsen wird, 7. Aufl., Holzgerlingen 2008, 19-51; *wissenschaftlich*: H.-J. Eckstein,»Nahe ist dir das Wort«. Exegetische Erwägungen zu Röm 10,8, in: ders., Der aus Glauben Gerechte wird leben (s. o.), 55-72; ders., Verheißung und Gesetz (s. o.), 15 ff., 82 ff., 110 ff., 253 ff. u. ö.

75 S. *wissenschaftlich*: K. Koch, Art. ṣdk, THAT II, München 1976, 507-530, hier 527; F. V. Reiterer, Gerechtigkeit als Heil. ṣdk bei Deuterojesaja, Graz 1976, 24-116, 208-216; H.-J. Eckstein, Gott ist es, der rechtfertigt. Rechtfertigungslehre als Zentrum paulinischer Theologie?, in: ders. Kyrios Jesus. Perspektiven einer christologischen Theologie, Neukirchen-Vluyn 2010, 75-86; H.-J. Eckstein, Verheißung und Gesetz (s.o.), 15 ff., 50 ff., 95 ff., 142 ff. u.ö.

76 S. Gal 3,10-12 in Aufnahme von 3. Mose 18,5 (vgl. Röm 10,5) und 5. Mose 27,26.

77 S. Röm 1,17; 3,5.21 f.25 f.; 10,3; 2. Kor 5,21.

78 S. Röm 8,38 f.; 11,29; 14,4; 1. Kor 1,8 f.; 10,13; Phil 1,6; 1. Thess 5,24.

79 S. Röm 5,5-8; 8,35-39.

80 S. *wissenschaftlich* H.-J. Iwand, Rechtfertigungslehre und Christusglaube. Eine Untersuchung zur Systematik der Rechtfertigungslehre Luthers in ihren Anfängen, TB 14, 3. Aufl., München 1966; O. Weber, Grundlagen der Dogmatik, Bd. II, 2. Aufl., Berlin 1969, 292 ff.; H.-J. Eckstein, Gott ist es, der rechtfertigt (s.o.), 75-86.

81 Vgl. Röm 2,5.8; 3,5; 4,15; 5,9; 12,19; 1. Thess 1,10; 2,16; 5,9; s. zum Ganzen *wissenschaftlich* H.-J. Eckstein, »Denn Gottes Zorn wird vom Himmel her offenbar werden«. Exegetische Erwägungen zu Röm 1,18, in: ders., Der aus Glauben Gerechte wird leben (s.o.), 19-35.

82 Wobei Paulus in der griechischen Übersetzung (der sog. Septuaginta [LXX]) von Jes 52,7 auch die für ihn zentrale Wendung der »Evangeliumsverkündigung«, der Ansage der guten Botschaft, d.h. des endzeitlichen Heils, vorfindet (vgl. auch Jes 40,9; 60,6; 61,1; Nah 1,15 [2,1]).

83 In unserer heutigen Situation wäre – mit Bezug auf Röm 11,11-16 – eher wieder an das »den Juden zuerst« zu erinnern, das Paulus nicht nur rhetorisch, sondern durchaus heilsgeschichtlich gefüllt versteht (Röm 1,17; 3,1 f.; 9,4 f.). Wie der Apostel in Röm 9–11 ausführlich entfalten wird, hat er im Hinblick auf das jetzt noch nicht an Christus glaubende Israel die begründete Hoffnung, dass »ganz Israel« einmal – in Analogie zu ihm selbst vor Damaskus (11,1 f.) – *durch Christus*, den Retter, unmittelbar bei dessen Erscheinung von seinen Sünden erlöst werden wird (Röm 11,25 ff.). Das bedeutet, dass sich die »Gerechtigkeit Gottes« an Israel in besonderer Weise als bleibende Treue und heilvolle Zuwendung erweisen wird: »Denn Gottes Gaben und Berufung können ihn nicht gereuen« (11,29).

84 Um es mit der Begrifflichkeit der Sozialpsychologie zu sagen, spricht das Evangelium von einer »nicht konditionierten Annahme« und ei-

ner »unbedingten«, d.h. »an keine Bedingungen geknüpften Zuwendung«, die für ein gelingendes und ausgeglichenes Leben als Erfahrung grundlegend sind – so selten sie auch in zwischenmenschlichen Beziehungen wirklich erlebt werden. S. im Einzelnen H.-J. Eckstein, Glaube, der erwachsen wird. 7. Aufl., Holzgerlingen 2008 (1986), 19 ff.

[85] S. zum Ganzen H.-J. Eckstein, Das Wesen des christlichen Glaubens. Nachdenken über das Glaubensverständnis bei Paulus, in: ders., Der aus Glauben Gerechte wird leben (s.o.), 3-18; H.-J. Eckstein, Glaube und Erfahrung. Von der Realität des Geglaubten, in: ders., Wenn die Liebe zum Leben wird (s.o.), 13-47.

[86] S. ausführlich unter »Gesunden im Glauben«, S. 13 ff.

[87] S. Röm 3,24; Phil 1,29; vgl. Eph 2,8.

[88] Zur konkreten Orientierung an der von Jesus Christus vorgelebten Hingabe und Annahme, die er in seiner Menschwerdung und Lebenshingabe am Kreuz aus Liebe erwiesen hat s. Röm 14,15; 15,1-3.7; 1. Kor 8,11; 2. Kor 8,7-9; Phil 1,27 – 2,18.

[89] Vgl. Röm 6,1-11; 8,11 f.; 15,18 f.; 1. Kor 15,10; 2. Kor 4,6; Gal 2,20; Phil 2,13.

[90] S. im Einzelnen, H.-J. Eckstein, Verheißung und Gesetz (s.o.), 94 ff., 111 ff., 171 ff., 256.

[91] Eine einschneidende Veränderung der Beurteilung des Gesetzes im Galater- und im Römerbrief konnten wir nach alldem nicht erkennen, so sehr die Veranlassung der beiden Briefe und damit auch der Ton der Darstellung grundverschieden sind. Denn einerseits setzt Paulus auch in dem an konkreten Gemeindeproblemen orientierten Galaterbrief keinesfalls eine dämonische, sondern die göttliche Herkunft des Gesetzes voraus (s. Gal 3,19 mit den folgenden Erwägungen zur göttlichen Funktion des Gesetzes); und andererseits könnten die Aussagen zum Gesetz gar nicht kritischer sein als in dem der Selbstvorstellung gegenüber einer noch unbekannten Gemeinde dienenden Römerbrief – z.B. in Röm 5,20: »Das Gesetz aber ist dazwischen hineingekommen, damit die Sünde mächtiger würde«, oder in Röm 7,13: »Die Sünde, damit sie als Sünde sichtbar werde, hat mir durch das Gute den Tod gebracht, damit die Sünde überaus sündig werde durchs Gebot.«

[92] Nach einem Vortrag vor dem Theologischen Ausschuss der Synode der Evang. Landeskirche in Württemberg am 7. November 2008. S. zur Vertiefung: H.-J. Eckstein, Vom Ich zum Wir. Perspektiven einer wachsenden Kirche, in: ders., Glaube als Beziehung (s.o.), 113–149. S. zum Ganzen L. Coenen, Art. ἐκκλησία / Kirche, TBLNT, NB, Wuppertal/Neukirchen 1997, 1136–1150; P. Lampe, Die stadtrömischen Christen in den ersten beiden Jahrhunderten. Untersuchungen zur So-

zialgeschichte, WUNT II/18, Tübingen 1987; J. Roloff, Art. ἐκκλησία, EWNT I, Stuttgart 1980, 998–1011; ders., Die Kirche im Neuen Testament, NTD.GNT 10, Göttingen 1993 (s. ebd. zur Literatur); K.L. Schmidt, Art. ἐκκλησία, ThWNT III, Stuttgart 1938, 502-539 (zu weiterer Literatur s. ThWNT X/2, Stuttgart 1979, 1127-1131).

[93] S. zu *Kirche* im *überregionalen* Sinne: 1. Kor 6,4; 12,28; Eph 1,22; 3,10.21; 5,23-32; Kol 1,18.24; vgl. Mt 16,18.

[94] S. zu *Gemeinde vor Ort*: Röm 16,16; 1. Kor 1,2; 4,17; 2. Kor 1,1; Phil 4,15; 1. Thess 1,1.

[95] S. zu *Hausgemeinden* in Privathäusern: Röm 16,5; 1. Kor 16,19; Kol 4,15; Phlm 2.

[96] So auch 1. Kor 16,1; zu Mazedonien s. 2. Kor 8,1; zu Judäa Gal 1,22; 1. Thess 2,14; vgl. Apg 9,31: »So hatte nun die Kirche (im Singular!) in ganz Judäa, Galiläa und Samaria Frieden ...«

[97] Vgl. Apg 2,46; 5,42; 12,12 und Apg 19,9 den Lehrsaal eines Rhetors Tyrannos.

[98] S. P. Lampe, Die stadtrömischen Christen in den ersten beiden Jahrhunderten (s. Anm. 1), 300 ff.

[99] S. zur positiven Beurteilung durch Paulus Röm 1,7.8 ff.; 15,14 ff.

[100] Vgl. 1QM 4,10; 1QSa 1,25.

[101] Nur in Jak 2,2 wird die christliche Gemeindeversammlung einmal als »Synagoge« bezeichnet.

[102] Hinter dem Substantiv Ekklesia steht im Griechischen das Verb ekkaleō, »herausrufen«.

[103] S. zum politischen Sprachgebrauch von Ekklesia z. B. Apg 19,32.39.40; einmal in Apg 7,38 für die Versammlung Israels in der Wüste; vgl. 5. Mose 9,10 LXX.

[104] »Kirche Gottes« im *Singular*: 1. Kor 1,2; 10,32; 11,22; 15,9; Gal 1,13; vgl. 1. Tim 3,5.15; Apg 20,28; im *Plural*: 1. Kor 11,16; 1. Thess 2,14; 2. Thess 1,4.

[105] Im Einzelnen s. o. bei »Gesetz, Evangelium und Weisung Jesu Christi«, S. 87 ff.

[106] Vgl. Röm 1,2; 3,21; 4,1 ff.

[107] S. zur Begründung und inhaltlichen Entfaltung H.-J. Eckstein, Verheißung und Gesetz (s. o.), 3-81; H.-J. Eckstein, Das Evangelium Jesu Christi. Die implizite Kanonhermeneutik des Neuen Testaments, in: ders., Kyrios Jesus (s. o.), 35-58.

[108] Vgl. Apg 20,22-25.38; 21,11 ff.27 ff.

[109] Vgl. 1. Kor 10,32; 11,16; 15,9; 2. Kor 1,1; 1. Thess 2,14.

[110] S. Röm 5,6.8: »Denn Christus ist schon zu der Zeit, als wir noch *schwach* waren, für uns Gottlose gestorben. ... Gott aber erweist seine

Liebe zu uns darin, dass Christus für uns gestorben ist, als wir noch *Sünder* waren.«

[111] S. Röm 3,24: »und werden *ohne Verdienst / geschenkweise* gerecht aus seiner *Gnade* durch die Erlösung, die durch Christus Jesus geschehen ist.«

[112] Vgl. Phil 2,5 als Einleitung zu dem dann (V. 6-11) folgenden Christushymnus: »Seid unter euch auf das bedacht, was auch *in Christus Jesus* angemessen und vorgegeben ist: Er, der in Gottesgestalt war, hielt nicht fest wie einen Raub das Gottgleichsein...«

FACH- UND FREMDWÖRTER

Agape – der zentrale griechische Begriff für Liebe im Neuen Testament; als von Gott ausgehende Liebe ist die Agape nicht durch den Wert oder die Liebenswürdigkeit des zu Liebenden motiviert, sondern in der Zuwendung des liebenden Gottes selbst begründet

Aktivität – aktives Verhalten, Tätigkeitstrieb, Ggs. Passivität, Inaktivität

analytisches Urteil – Urteil, das aus der Analyse / der Zergliederung eines Begriffs gewonnen wird und nur so viel Erkenntnis vermittelt, wie in diesem enthalten ist (z. b. »die Kugel ist rund«, »der unschuldig Angeklagte ist gerecht«)

Anthropologie – Lehre vom Menschen; **anthropologisch** – den Menschen, die Lehre vom Menschen betreffend

Antiochenischer Konflikt – der Konflikt zwischen Paulus und Petrus in der Stadt Antiochien um die gemeinsame Mahlgemeinschaft zwischen Juden- und Heidenchristen (s. Gal 2,11-21)

Antizipation – Vorwegnahme (von zukünftigem Geschehen)

Apokryphen – wörtlich »Verborgene« (griech.); in der alten Kirche: nicht öffentlich benutzte Schriften; später: den biblischen Büchern nahestehende Schriften, die keinen Eingang in den biblischen Kanon gefunden haben. Bücher wie Jesus Sirach und Weisheit Salomos wurden nicht in den Kanon der Hebräischen Bibel aufgenommen (Ende des 1. Jahrhunderts n. Chr.), waren aber von den ersten Christen und Verfassern des Neuen Testaments in ihrer Griechischen Bibel noch als Heilige Schrift anerkannt (s. auch Septuaginta [LXX])

Apostel – »Abgesandter«, »Bote«; Bezeichnung für die vom auferstandenen Christus berufenen und ausgesandten Zeugen des Evangeliums – wie Paulus (Röm 1,1.5; 1. Kor 9,1; 15,8-10; Gal 1,1.11 f.15 f.), der Herrenbruder Jakobus (Gal 1,19) und die zwölf Jünger (Mt 10,1-4; Lk 6,13-16; Apg 1,2-8.21-26)

Apostelkonzil – Zusammenkunft von Paulus und Barnabas mit den Vertretern der Jerusalemer Gemeinde zur Klärung der Frage der beschneidungsfreien Heidenmission um 48 n. Chr. (s. Gal 2,1-11; Apg 15,1-29)

Apostolat – der oder das -, Sendungs- und Zeugenamt der Apostel Christi

Appell – Aufruf, auffordernde, aufrüttelnde Mahnung

Aramäisch – semitische Sprache, die zur Zeit Jesu und der Urgemeinde gesprochen wurde (die Schriftsprache des Alten Testaments ist das Hebräische, die des Neuen Testaments das Griechische) – **aram.** = aramäisch

archaisch – altertümlich, frühzeitlich

Aufklärung – Emanzipationsbewegung Ende des 17. bis Ende des 18. Jahrhunderts, die die europäischen Gesellschaften von den Autoritätsansprüchen der Kirchen, der absoluten Monarchie und der traditionellen Dogmatik zu befreien suchte. Nach Überzeugung der Aufklärung ist die unabhängige menschliche Vernunft die einzige und letzte Instanz, die über Methoden, Wahrheit und Irrtum jeder Erkenntnis und Norm entscheidet

authentisch – echt, glaubwürdig, vom Verfasser stammend

certitudo – lat. »Gewissheit«, theologisch speziell »Heilsgewissheit« *(certitudo salutis)*

Chiffre – Zeichen, das bei der Übermittlung einer Nachricht zur Verkürzung oder Verschlüsselung verwendet wird; Schlüsselbegriff

Christologie – die Lehre von Jesus Christus; »**hohe Christologie**« – eine Lehre von Christus, die bei seiner Hoheit als Präexistenter bzw. durch seine Auferstehung Erhöhter einsetzt (vgl. Joh 1,1-18; Phil 2,6-11; Kol 1,15-20; Hebr 1,2 f.); **christologisch** – Person und Amt Jesu Christi betreffend

christozentrisch – auf Christus als Mittelpunkt bezogen

conditio – lat. »Bedingung«, Vorbedingung; hier zur Frage: Ist der Glaube *conditio*, (Vor)bedingung, oder *modus*, Art und Weise, des Heilsempfangs?

Diaspora – griech. »Zerstreuung«; außerhalb des »verheißenen Landes«, d.h. in der Zerstreuung lebende Juden; unter vorwiegend Andersgläubigen lebende Mitglieder einer Konfession

Dogmatik – die wissenschaftlich-theologische Beschäftigung mit den verbindlichen Glaubensaussagen bzw. mit den Dogmen; die Darstellung der Glaubenslehre; **dogmatisch** – an den verbindlichen Glaubensaussagen orientiert

Dual – Begriffspaar wie »Himmel und Erde«, »Gott und Mensch«, »Licht und Finsternis«

Dualismus – Gegensätzlichkeit, Polarität; speziell die Vorstellung von zwei unvereinbaren Prinzipien, Grundkräften der Welt oder metaphysischen Mächten (Geist – Materie; Seele – Leib; Licht – Finsternis; Gott – Teufel/Widersacher/Satan); **dualistisch** – den Dualismus betreffend

Ekklesia/Ecclesia – Kirche, Gemeinde, Versammlung, ursprünglich: »die (Gesamtheit der) Herausgerufenen«

Ekklesiologie – »Lehre von der Kirche«

emotional – gefühlsmäßig; aus einer Emotion, einer inneren Erregung erfolgend

Eros – einer der griechischen Begriffe für Liebe (neben Philia und Agape), der im Neuen Testament nicht vorkommt. Er kann einerseits die »sinnliche Liebe«, das »Verlangen«, die »Begierde« bezeichnen, andererseits als »himmlischer Eros« die Aufgabe des Menschen, die Seele in die himmlische, übersinnliche Welt durch Befreiung von den Fesseln der Sinnlichkeit hinaufzuheben

erwartungskonform – mit der Erwartung anderer übereinstimmend, ihrer Erwartung entsprechend

Eschatologie – »Lehre von den letzten Dingen«, von der Endzeit; **eschatologisch** – endzeitlich, von der Endzeit her zu verstehen, auf sie bezogen

Ethik – sittliche Grundsätze, Sittenlehre, Bereich der Theologie (und der Philosophie), der danach fragt, an welchen Werten und Normen, Zielen und Zwecken die Menschen ihr Handeln orientieren sollen; als charakteristisches Beispiel für die Ethik Jesu gilt die Bergpredigt in Matthäus 5–7; **ethisch** – auf sittlichen Grundsätzen beruhend; die von Verantwortung anderen gegenüber bestimmte Lebensführung betreffend

Etymologie – Herkunft und ursprüngliche Bedeutung eines Wortes, einer Wortfamilie; **etymologisch** – die Etymologie betreffend

Evangelium – die »gute Nachricht«, die »Freuden-«, »Heilsbotschaft«; das Evangelium *Gottes* (das von Gott ausgeht, subjektiver Genitiv), das Evangelium *Jesu Christi* (das Christus zum Inhalt hat, objektiver Genitiv); vgl. Markus 1,1.15; Lukas 4,18; Römer 1,1.9.16 f.; Galater 1,6-12

Exegese – (wissenschaftliche) Auslegung eines (biblischen) Textes; Wissenschaft von der Bibelauslegung

Existenz – Dasein, Leben, Vorhandensein, Wirklichkeit; **existenziell** – auf das unmittelbare und wesenhafte Dasein bezogen, die eigene Person betreffend, lebenswichtig

exkludierend – ausschließend, aus- und abgrenzend (Gegensatz: inkludierend)

exklusiv – ausschließlich, abgeschlossen, für nicht alle zugänglich

Facetten – (viel)eckig geschliffene Flächen am Rande von Edelstein- oder Glasflächen, übertragen für vielfältige, nuancenreiche Eigenschaften, Einzelelemente

Faktum – Ereignis, Tatsache (oft: nachweisbare bzw. unabänderliche)

falsifizieren – eine (wissenschaftliche) Aussage widerlegen; Gegensatz: verifizieren

figura etymologica – lat. »etymologische Wiederholung« ist ein Stilmittel, bei dem Verb und Objekt-Substantiv gleicher Herkunft zu einer Redefigur miteinander verbunden werden; siehe z. B. bei Paulus »das

Evangelium als Evangelium verkündigen« – wörtlich:»das Evangelium evangelisieren« (1. Kor 15,1; 2. Kor 11,7; Gal 1,11). Dies dient zur Verstärkung und Bekräftigung des Ausdrucks (vgl. Mk 4,41; 1. Tim 6,12)

forensisch – die Gerichtsverhandlung betreffend, richterlich, gerichtlich

fundamental – grundlegend, von entscheidender Bedeutung, sich an Grundlagen orientierend

Genitivus – der die Herkunft bzw. Zugehörigkeit bezeichnende Fall, der Genitiv/der»Wesfall«; – **Genitivus subiectivus:** Genitiv des logischen Subjekts (z.B.»Gerechtigkeit Gottes« als Gerechtigkeit, die Gott selbst hat: Gott ist gerecht); – **Genitivus auctoris:** Genitiv des»Urhebers« (z.B.»Gerechtigkeit Gottes« als die Gerechtigkeit, die Gott *wirkt* und *schafft)*; – **Genitivus obiectivus:** Genitiv des logischen Objekts (z.B.»Gerechtigkeit Gottes« als die Gerechtigkeit, die vor Gott gilt, vor ihm Bestand hat [so Martin Luther zu Röm 1,17 u.ö.])

Gesetzesobservanz – s.Toraobservanz

Gesetzlichkeit – enges, formalistisches und zwanghaftes Gesetzes-, Frömmigkeits- oder Moralverständnis; **gesetzlich** – in diesem Zusammenhang: von Gesetzlichkeit bestimmt

Hebräer – im Neuen Testament a) zur Bezeichnung der Juden im Gegensatz zu den Heiden (2. Kor 11,22; Phil 3,5), b) zur Bezeichnung der Aramäisch sprechenden Juden im Gegensatz zu den griechisch sprechenden Juden, den Hellenisten (Apg 6,1)

Hellenismus – Griechentum; die Kulturepoche von Alexander d. Gr. († 323 v.Chr.) bis Augustus (d.h. in die neutestamentliche Zeit) und die griechische nachklassische Sprache dieser Epoche; **hellenistisch** – die griechische Sprache und Kultur dieser Epoche betreffend

Hellenisten – zur Bezeichnung der griechisch sprechenden Juden im Gegensatz zu den semitisch sprechenden Juden, den Hebräern (Apg 6,1; 9,29; 11,20)

Hermeneutik – die Kunst des Verstehens und der Interpretation von Texten (bzw. im weiteren Sinne von Lebensäußerungen), die Methode der Auslegung

Herrenbruder Jakobus – einer der leiblichen Brüder Jesu (Mk 6,3; vgl. Gal 2,9.12; Jak 1,1; Jud 1), der wohl erst durch die Erscheinung des Auferstandenen zum Glauben an ihn kam (1. Kor 15,7; vgl. Mk 3,21.31 ff.; Joh 7,5; Apg 1,14) und ab 43 n.Chr. zur führenden Persönlichkeit in der Urgemeinde wurde (s. Apg 12,17; vgl. 15,13; 21,18; Gal 2,9)

Hierarchie – aus dem religiösen Sprachgebrauch übernommene Bezeichnung für ein Herrschaftssystem von festgefügten und nach Über- und Unterordnung gegliederten Rängen historisch – »geschichtlich«, hier: entweder im Sinne von »in der Vergangenheit wirklich geschehen« oder in der speziellen Bedeutung von »nach den Maßstäben der Geschichtswissenschaft als historisch wahrscheinlich zu erweisen«

Humanismus – eine Weltanschauung, die sich an den Interessen, den Werten und der Würde des einzelnen Menschen orientiert und die auf die abendländische Philosophie der Antike zurückgreift. Sie orientiert sich an dem Ideal einer ethisch-kulturellen Höchstentfaltung der menschlichen Kräfte

Humanität – »Menschlichkeit« (von lat. *humanitas*) als Prinzip des Handelns und als Ziel von Erziehung und Bildung

Ideal – Inbegriff der Vollkommenheit; als eine Art höchster Wert erkanntes Ziel; Idee, nach deren Verwirklichung man strebt

idealisieren – verklären, verschönern, etwas oder jemanden vollkommener sehen als es bzw. er ist

Identität – allgemein: die vollkommene Gleichheit, Übereinstimmung; psychologisch: die als »Selbst« erlebte innere Einheit der Person

identity marker – »Identitätsmerkmale«, »Identitätsmarker« (soziol.); z.B. Beschneidung, Speisegebote und Sabbat als Identitätsmerkmale und »Identitätsmarker« des Diasporajudentums in seiner heidnischen Umwelt

illoyal – treulos, die Interessen der anderen Seite nicht respektierend, vertragsbrüchig

Illusion – trügerische Hoffnung, unwirkliche Vorstellung, einem Wunschbild entsprechende Selbsttäuschung

illusorisch – nur in der Illusion bestehend, trügerisch, vergeblich

Immanenz – das, was innerhalb einer Grenze bleibt und sie nicht überschreitet; Beschränkung auf das innerweltliche Sein; Einschränkung des Erkennens auf das Bewusstsein oder auf Erfahrung

in Christo – lat. »in Christus«, d.h. infolge der Stellvertretung Christi und in Gemeinschaft mit ihm

Indikativ und Imperativ – das Verhältnis von »Aussageform und Befehlsform« spielt vor allem in der Paulusauslegung eine entscheidende Rolle. Es wird damit das spannungsvolle Verhältnis von »Zuspruch und Anspruch« des Evangeliums gegenüber dem Menschen bezeichnet, zwischen Heilszusage und ethischer Forderung

Individualisierung – der Prozess, durch den das Individuum, der Einzelne, zunehmend zum Ausgangspunkt des Denkens und Handelns, der Werte und Normen wird

Individualismus – Betrachtungsweise, die das Individuum zum Ausgangspunkt des Denkens und Handelns, der Werte und Normen macht; Gegensatz: Kollektivismus

individualistisch – nur das Individuum, den Einzelnen berücksichtigend; Gegensatz: kollektivistisch

Inferiorität – Unterlegenheit, untergeordnete Stellung, Minderwertigkeit

Inkarnation – die »Fleischwerdung« des Logos / des göttlichen Wortes, die Menschwerdung Jesu Christi (Joh 1,14; vgl. 2. Kor 8,9; Gal 4,4 f.; Phil 2,6 f.; 1. Joh 4,2; 2. Joh 7)

inkludierend – einschließend, einbeziehend (Gegensatz: exkludieren)

iustificatio effectiva – lat. wirksame Gerechtmachung, nach der sich der Gerechtfertigte dann auch an sich und infolge seines gelebten Lebens als gerecht erweisen würde

iustificatio impii propter Christum sola gratia per fidem – lat. »die Rechtfertigung des Gottlosen um Christi willen allein aus Gnaden durch den Glauben«

iustitia aliena – lat. die »fremde Gerechtigkeit« (nämlich die dem Menschen von Gott zugesprochene Gerechtigkeit Christi; vgl. *iustitia imputativa*)

iustitia Dei passiva – lat. die vom Menschen im Glauben voraussetzungslos, d. h. geschenkweise, »empfangene Gerechtigkeit Gottes«

iustitia Dei salutifera – lat. die »heilbringende«, d. h. freisprechende und begnadigende, Gerechtigkeit Gottes

iustitia distributiva – lat. die nach dem Rechtsgrundsatz »jedem das Seine« *(suum cuique)* verfahrende Gerechtigkeit des Richters, der den Gerechten freispricht und den Schuldigen verklagt

iustitia imputativa – lat. die dem Menschen aus Gnaden »zugeeignete, zugesprochene Gerechtigkeit« Christi

judaistische Gegner – judenchristliche Gegner des Apostels Paulus, die im Unterschied zu ihm auch für die Heidenchristen die Beschneidung und die konsequente Einhaltung der Tora, der »Weisung« Gottes durch Mose, fordern (s. vor allem Galaterbrief, Apg 11 und 15)

Judenchristen – alle Christen, die von Geburt jüdischer Abstammung sind und die – wie z. B. Paulus, Petrus und Barnabas (Gal 2,15 f.) – als Juden zum Glauben an Christus kamen

juristisch – die Rechtsprechung betreffend

Justitia – Personifizierung, Sinnbild der »Gerechtigkeit«; römische Göttin der Gerechtigkeit und der Rechtsprechung, die als *Jungfrau* mit verbundenen Augen dargestellt wird, die in einer Hand eine *Waage*, in der anderen das *Richtschwert* hält

kᵉhal el – aram. »Versammlung Gottes«

Kerygma – griech.»Verkündigung« (des Evangeliums von Christus); die von einem Herold ausgerufene Bekanntmachung

kompensieren – ausgleichen; Psychologie: Minderwertigkeitsgefühle durch Vorstellungen oder Handlungen ausgleichen, die das Bewusstsein der Vollwertigkeit erzeugen

Konditionierung – das Binden an Konditionen, das Verknüpfen mit Bedingungen; **konditioniert** – »an Bedingungen geknüpft«; eine konditionierte Zuwendung ist an bestimmte Voraussetzungen und Bedingungen geknüpft, während eine nicht konditionierte – d.h.»unbedingte«, »bedingungslose« – Zuwendung der Person selbst gilt und nicht nur ihrem Wohlverhalten bzw. ihrer Liebenswürdigkeit

konkret – gegenständlich, sinnfällig, greifbar; **konkretisieren** – etwas genauer bestimmen, im Einzelnen ausführen

konstituieren – gründen, begründen, sich bilden und Bestand gewinnen; **konstitutiv** – das Wesen einer Sache, die Gesamterscheinung bestimmend, wesentlich, grundlegend

Kontext – inhaltlicher, sachlicher Zusammenhang, aus dem heraus etwas zu verstehen ist

Kontinuität – Beständigsein, Fortdauer, lückenloser Zusammenhang

Kreuzestheologie – s. zu *theologia crucis*

Kult – (von lat.: *cultus [deorum]* »Götterverehrung«) umfasst die Gesamtheit der *religiösen Handlungen*, zu denen sich Menschen zusammenfinden, um mit einer überirdischen Wesenheit in Verbindung zu treten; **kultisch** – den Kult betreffend, zum Kult gehörend

kyriakos – griech.»dem Herrn gehörend«, »– zugehörig«; davon leitet sich der Begriff»Kirche« für die Christus zugehörige Gemeinde ab

Kyrios – griech.»Herr«, »Herrscher«, als Bezeichnung und Anrede Gottes und Jesu Christi (s. Röm 10,9; 14,7-9; 1. Kor 8,6; 12,3; Phil 2,9-11); wie der aramäische Gebetsruf»Maranatha« – »unser Herr, komm!« (1. Kor 16,22; vgl. Offb 22,20) – zeigt, wurde der Auferstandene bereits in der Jerusalemer Urgemeinde als Kyrios/»Herr« angerufen

loyal – die Interessen der anderen Seite achtend, (vertrags- bzw. bündnis-) treu, das Verhältnis respektierend

LXX – s. Septuaginta

Modus – lat. »Art und Weise«; hier zur Frage: Ist der Glaube *conditio* – »Bedingung«, »Vorbedingung« – oder *modus* – »Art und Weise« – des Heilsempfangs?

moralisch – die Moral betreffend, ihr entsprechend, sie befolgend; tugendhaft, sittenstreng

Neuzeit – Geschichtsepoche, die in Unterscheidung zu Altertum und Mittelalter das Zeitalter von etwa 1500 (Entdeckung Amerikas, Bildung von Nationalstaaten, Renaissance, Humanismus, Reformation) bis zur Gegenwart bezeichnet; **neuzeitlich** – der Neuzeit zugehörend, sie betreffend

Nomos – griech. »Gesetz« (s. Tora)

Observanz – Befolgung, Einhaltung religiöser Gebräuche und Regeln (s. Toraobservanz)

par. – Abkürzung zur Kennzeichnung von Parallelüberlieferungen; »Mk 2,18-20 par.« besagt z.B., dass die »Fastenfrage« nach Markus 2,18-20 in Matthäus 9,14 f. und Lukas 5,33-35 parallel überliefert ist

Pädagogik – Theorie und Praxis der Erziehung und Bildung, Erziehungswissenschaft; »**schwarze Pädagogik**« – eine negativ gemeinte Bezeichnung für in früheren Jahrhunderten propagierte Erziehungsmethoden, die den Einsatz von Gewalt und Zwang in der Erziehung und das Brechen des Willens des Kindes in seiner »bösen Kindsnatur« vertreten

Paränese – griech. »Mahnung«, »Ermahnung«; mahnende Texteinheit

Paraklese – griech. »Ermunterung«, »Trost«, »Ermahnung«

Parochialgemeinde – eine Gemeinde, die gemäß dem herkömmlichen »Parochialsystem« strukturiert ist, nach dem die Gemeindeglieder nach ihrem Wohnsitz einem bestimmten Seelsorgebezirk und einem bestimmten Pfarrer (= Parochus, von griech. *parochos,* »darreichend«, »gebend«) zugeordnet sind

Partikularismus – Vorstellung von der Beschränkung der Erwählung und Berufung Gottes auf eine bestimmte Zahl von Menschen, auf einzelne Gruppen oder ein einzelnes Volk – im Gegensatz zum Universalismus

Partizipation – Teilhaben, Teilnehmen, Beteiligtsein; **partizipieren** – Anteil haben; teilnehmen

Passivität – in der Regel als »Untätigkeit«, »Teilnahmslosigkeit«, »Inaktivität« verstanden; grundsätzlich kann der Begriff aber auch das »Erleiden«, »Empfangen«, »Annehmen« hervorheben

peccare – lat. für »sündigen«, »fehlen«, »sich vergehen«

Pentateuch – ein griechischer Begriff für die fünf Bücher Mose; sie bilden zusammen den ersten Hauptteil der hebräischen Bibel (als Tora) sowie den Beginn des christlichen Alten Testaments

performativ – die in einer Aussage beschriebene Handlung mit dem Aussprechen selbst vollziehend (z.B. »Ich gratuliere dir!« »Ich begnadige dich!«)

Perseveranz – »Beharrlichkeit«, »Ausdauer«, für das Beharren der Glaubenden durch Gottes Bewahrung im Heil (vgl. Joh 10,27-30; 17,9-11b.15; Röm 8,28f.; 11,29; 1. Kor 1,8f.; Phil 1,6; 2. Tim 2,13; 1. Petr 1,5; 1. Joh 2,19)

Perspektive – Betrachtungsweise, -möglichkeit von einem bestimmten Standpunkt aus; Sicht, Blickwinkel; Aussicht für die Zukunft

Plädoyer – zusammenfassende Schlussrede des Staatsanwalts oder Rechtsanwalts vor Gericht; Rede, mit der jemand entschieden für oder gegen etwas oder jemanden eintritt

Pluralismus – die philosophische Theorie, nach der die Wirklichkeit aus vielen selbstständigen Prinzipien besteht; die gesellschaftliche Vielfalt gleichberechtigter konkurrierender Weltanschauungen, Wertvorstellungen, Meinungen bzw. Gruppen, Institutionen; die Überzeugung, die diese gesellschaftliche und politische Vielfalt für erstrebenswert hält; **pluralistisch** – auf dem Pluralismus basierend, ihn betreffend

pneumatisch – den Geist betreffend, geistgewirkt, geisterfüllt, geistlich

Pneumatologie – Lehre vom Heiligen Geist; **pneumatologisch** – die Lehre vom Heiligen Geist betreffend

posse – lat. für »können«, »vermögen«, »imstande sein«

Präexistenz – das Dasein, Existieren Christi vor seiner Menschwerdung bei seinem himmlischen Vater (vgl. Joh 1,1-3; 1. Kor 8,6; Phil 2,6 f.; Kol 1,15-17; Hebr 1,2 f.)

prägnant – in knapper Form genau, treffend darstellend

Prinzip – Regel, Grundlage, Grundsatz; Gesetzmäßigkeit, Idee, die einer Sache zugrunde liegt und nach der etwas wirkt; **prinzipiell** – im Prinzip, grundsätzlich; einem Prinzip, Grundsatz entsprechend

propagieren – verbreiten, für etwas Propaganda betreiben, werben

Prophet – berufener Sprecher Gottes zur Verkündigung seines Willens. Auch im Neuen Testament wird die Gabe der Prophetie als Gabe der Verkündigung und Ermahnung vorausgesetzt (neben der Glauben weckenden Verkündigung durch Apostel und der grundlegenden und vertiefenden Unterrichtung im Glauben durch Lehrer; vgl. 1. Kor 12,28 f.; 13,2.8 f.; 14,29 ff.)

ratio cognoscendi – lat. »Erkenntnisgrund«

ratio essendi – lat. »Seinsgrund«

Realität – Wirklichkeit, tatsächliche Gegebenheit; falls theologisch bzw. philosophisch zwischen Realität und Wirklichkeit unterschieden wird, dann so, dass die geglaubte, in der Offenbarung erschlossene »Realität« Gottes (bzw. die Realität des Seins, der Ideen) der sichtbaren und unmittelbar erfahrenen »Wirklichkeit« der Welt, des Menschen entgegengesetzt wird

realistisch – wirklichkeitsnah, lebensecht; ohne Illusion

Reformatoren – die Urheber der Reformation im 16. Jahrhundert n. Chr. wie Martin Luther, Philipp Melanchthon, Ulrich Zwingli, Martin Bucer und Johannes Calvin; wörtlich: »Umgestalter«, »Erneuerer«

reformatorisch – »umgestaltend«, »erneuernd«; die Reformation betreffend, im Sinne der Reformation

Relation – Verhältnis, Beziehung

Relationsbegriff – ein »Beziehungsbegriff« (z. B. »Liebe«, »Vertrauen«, in der biblischen Tradition auch »Gerechtigkeit«, »Friede«, »Glaube«)

relativieren – mit etwas anderem in Beziehung bringen und damit in seiner Gültigkeit einschränken

religiös – die Religion betreffend, gottesfürchtig, fromm

remoto Christo – lat. entfernt von Christus, unter Absehung von Christus, ohne Christus

repräsentieren – etwas darstellen, vertreten

Ritual (lat. *ritualis* »den Ritus betreffend«) ist ein regelmäßiger Ablauf einer Handlung, eine nach vorgegebenen Regeln ablaufende, formelle festliche Handlung mit hohem Symbolgehalt, ein feierlicher Brauch

Säkularisierung – Loslösung aus den Bindungen an die Kirchen, Verweltlichung

Schalom – alttestamentlicher, d. h. hebräischer, Begriff für »Wohlbefinden«, »Heil«, »Frieden«, israelische Begrüßungskurzformel

Schema Jsrael – hebr. »Höre Israel!«, jüdisches Bekenntnisgebet in Aufnahme von 5. Mose 6,4 ff.

sedaka (*ṣedākā*) – alttestamentlicher, d. h. hebräischer, Begriff für »Gerechtigkeit«

Septuaginta (LXX) – lat. »siebzig«; Bibelübersetzung des Alten Testaments ins Griechische (seit 3. Jahrhundert v. Chr.); als Schriftensammlung enthält sie im Gegensatz zum hebräischen Kanon (1. Jahrhundert n. Chr.) zusätzlich die sogenannten »apokryphen« Schriften wie Jesus Sirach und Weisheit Salomos

solus Christus, sola gratia, sola fide, sola scriptura – lat. »allein Christus«, »allein aus Gnade«, »allein durch den Glauben«, »allein die Heilige Schrift«; das ausschließende, exklusive »allein« bei den reformatorischen Aussagen zur Rechtfertigung des Menschen vor Gott; **particulae exclusivae** – lat. die »ausschließlichen Partikel«: »allein …« (s. o.)

Soteriologie – die Lehre vom Heil, vom Erlösungswerk Christi; **soteriologisch** – die Lehre vom Heil betreffend

Sozialethik – Lehre von den Pflichten des Menschen gegenüber der Gesellschaft, dem Gemeinschaftsleben; in der Tradition der evangelischen Soziallehre kann jede Ethik grundsätzlich als Sozialethik verstanden werden, da ethische Probleme erst im Zusammenleben der Menschen entstehen; **sozialethisch** – die Sozialethik betreffend, ihr entsprechend

Sozialisation – die Entwicklung, durch die der Mensch zur gesellschaftlich handlungsfähigen Persönlichkeit wird (vgl. Individuation)

Sozialpsychologie – Gebiet der Psychologie, das sich mit Einflüssen des sozialen Kontextes auf das Verhalten, Erleben und Bewusstsein von Menschen befasst

spezifisch – einer Sache ihrer Eigenart nach zukommend, arteigen, kennzeichnend

Substantiv – Hauptwort, z. B. »der Glaube«

subtil – in die Feinheiten gehend, fein strukturiert; schwierig, kompliziert

Sühne – umgangssprachlich Wiedergutmachung im Sinne von »Ausgleichsleistung«, »Strafe« und »Buße«; biblisch meint »Sühne« im Gegensatz dazu das Ereignis der Vergebung und Versöhnung, der Heiligung und Neuschöpfung des Menschen durch Gott, die heilvolle Wiederherstellung der Gemeinschaft und die Neueröffnung der Gottesbeziehung (Röm 3,24 f.; 5,8-10; 2. Kor 5,18-21; Eph 1,7; 1. Joh 1,7; 2,2; Hebr 2,17; 9,11 f.26-28; 10,10.12)

suum cuique – »jedem das Seine«, lateinischer Rechtsgrundsatz, jedem sein Recht zukommen zu lassen

Synagoge – griech. »Versammlung«, dann auch Versammlungsort der jüdischen Gemeinde; für jüdische Diasporagemeinden belegt seit dem 3. Jahrhundert v. Chr.

synthetisches Urteil – weiterführendes Urteil, das sich (anders als das *analytische* Urteil) nicht auf die Erkenntnis beschränkt, die im Begriff selbst schon enthalten ist (z. B. als analytisches Urteil: Die Kugel ist rund, als synthetisches Urteil: Die Kugel ist rot). Die Aussage »Du bist gerecht!« stellt als *analytisches* Urteil fest, dass jemand von sich aus und nach seinem Verhalten wirklich als gerecht erfunden wird; bei dem Zuspruch der Rechtfertigung des Sünders durch Gott handelt es sich hingegen um ein *synthetisches* Urteil, das die Gerechtigkeit dem als schuldig erwiesenen Menschen zuspricht, d. h. ihn begnadigt und freispricht

theologia crucis – lat. »Theologie des Kreuzes«; sie geht von der zentralen Heilsbedeutung des Sterbens Jesu aus und schließt die Erfahrung der Verborgenheit Gottes in den verschiedenen Lebensbereichen ein

theologia gloriae – lat. »Theologie der Herrlichkeit«; sie geht von der Annahme aus, dass Gottes Wesen und Macht, seine »Herrlichkeit«, bereits gegenwärtig in den verschiedenen Wirklichkeitsbereichen erkennbar und erfahrbar seien

Theologie – griech. »Lehre von Gott«, die Lehre vom Inhalt des (meist christlichen) Glaubens

Tora – hebr. » Weisung«, » Gesetz«, jüdische Bezeichnung (1.) für den ersten Teil der hebräischen Bibel, die fünf Bücher Mose, d.h. den Pentateuch, und (2.) das darin enthaltene und das daraus entfaltete Gesetz, die religiöse und ethische »Weisung«

Toraobservanz – die »Beobachtung«, die konkrete Befolgung und das umfassende Einhalten der Tora (s. Tora)

Tradition – »Überlieferung« (hier: eine sprachliche Einheit, die den neutestamentlichen Verfassern bereits mündlich oder schriftlich vorgegeben war und nicht von ihnen selbst gebildet wurde); **traditionell** – einer Überlieferung zugehörig, entsprechend

Transzendenz – das jenseits der sinnlichen Erfahrung, des Gegenständlichen Liegende; die Jenseitigkeit; die himmlische Welt; im Gegensatz zur Immanenz; **transzendent** – die Grenzen der Erfahrung und der mit den Sinnen erkennbaren Welt überschreitend

Trinität – Dreieinigkeit, Dreifaltigkeit Gottes, des Vaters, des Sohnes und des Heiligen Geistes; **trinitarisch** – die Trinität betreffend

universal – allgemein, gesamt, die ganze Welt umfassend

Universalismus – »Universalismus des Heils« bezeichnet den umfassenden Gnaden- und Heilswillen Gottes (gemäß 1. Tim 2,4) – im Gegensatz zum Partikularismus

Urchristentum – Bezeichnung für die »apostolische« Zeit des Christentums, d.h. für die Kirche des 1. Jahrhunderts n. Chr.

Urgemeinde – die erste, überwiegend Aramäisch sprechende Gemeinde der Jünger Jesu Christi in Jerusalem

Verb – Zeitwort, Tätigkeitswort, z.B. »glauben«

verifizieren – durch Überprüfen die Richtigkeit von etwas bestätigen, beglaubigen; Gegensatz: falsifizieren; **verifizierbar** – nachprüfbar, als richtig zu erweisen

voluntativ – den Willen betreffend, auf den Willen bezogen; willensfähig

Weisheitsschriften – biblische und frühjüdische Schriften, die die Weisheit bzw. die Bildung des Weisen, d.h. des rechten Menschen, zum Gegenstand haben; z.B. Hiob, Sprüche, Prediger, Jesus Sirach, Weisheit Salomos

Zugehörigkeitsformel – die das wechselseitige Zugehörigkeitsverhältnis von Gott und seinem Volk bezeichnende geprägte Formulierung; z.B. 3. Mose 26,12: »Ich will unter euch wandeln und will *euer Gott* sein, und ihr sollt *mein Volk* sein« (vgl. Hes 37,27; Offb 21,3)

Dr. Hans-Joachim Eckstein, geb. in Köln, ist seit 2001 Professor für Neues Testament an der Evangelisch-theologischen Fakultät der Universität Tübingen, zuvor an der Universität Heidelberg. Bis 1996 war er Pfarrer der Evangelischen Landeskirche in Württemberg im Hochschuldienst.

Vielen ist er durch seine eindrücklichen Vorträge und Predigten sowie durch seine zahlreichen Veröffentlichungen und Gemeindelieder bekannt. Seine Bücher, die zu einem befreienden und lebensbejahenden Glauben einladen, sprechen durch ihren persönlichen und sprachlich gewinnenden Stil an.

Ob in Universitäts- oder Gemeindeveranstaltungen, ob in Sachbüchern oder in lyrischer und meditativer Literatur, Hans-Joachim Eckstein gelingt immer wieder der Brückenschlag zwischen Glauben und Denken, zwischen Universität und Kirche, zwischen Landeskirchen, Freikirchen und Gemeinschaften. Gerade mit seinen lyrischen und aphoristischen Texten spricht er zugleich auch viele Menschen an, die sich dem Glauben gegenüber bisher eher distanziert empfanden.

Für seine pädagogischen und didaktischen Fähigkeiten wurde ihm vom Land Baden-Württemberg der Landeslehrpreis verliehen. Für seine besondere Basis- und Gemeindenähe in Lehre, Publikationen und Beratung sowie für sein Brückenbauen zwischen wissenschaftlicher Theologie und Gemeindeglauben erhielt er den Sexauer Gemeindepreis für Theologie.

Er ist Synodaler der Evangelischen Landeskirche in Württemberg und Mitglied der Kammer für Theologie der Evangelischen Kirche in Deutschland.

Unter den fachwissenschaftlich-theologischen Veröffentlichungen des Autors siehe vor allem: »Kyrios Jesus. Perspektiven einer christologischen Theologie«, Neukirchen 2009; »Der aus Glauben Gerechte wird leben. Beiträge zur Theologie des Neuen Testaments«, 2. Aufl., Münster 2007; und »Verheißung und Gesetz. Eine exegetische Untersuchung zu Gal 2,15 – 4,7«, Tübingen 1996.

BÜCHER VON HANS-JOACHIM ECKSTEIN

Ich habe meine Mitte in dir
Schritte des Glaubens
Hc., 128 S., Nr. 393 538, ISBN 978-3-7751-3538-3
Zu den Themen: Glaube und Alltagsbewältigung

Du liebst mich, also bin ich
Gedanken – Gebete – Meditationen
Hc., 160 S., Nr. 393 633, ISBN 978-3-7751-3633-4
Als Hörbuch: Compact Disc
Nr. 395 168, ISBN 978-3-7751-5168-9
Zu den Themen: Liebe und Persönlichkeitsentfaltung

Du hast mir den Himmel geöffnet
Perspektiven der Hoffnung
Hc., 176 S., Nr. 393 787, ISBN 978-3-7751-3787-4
Zu den Themen: Hoffnung und Lebensgestaltung

Eckstein exklusiv:
Trilogie zu Glaube, Liebe und Hoffnung.
Schuber, Nr. 394 710, ISBN 978-3-7751-4710-1

Himmlisch menschlich
Von der Stärke der Schwachheit
Hc., 160 S., Nr. 394 502, ISBN 978-3-7751-4502-2

Glaubensleben – Lebenslust
Ich freue mich an dir
Hc., 176 S., Nr. 394 816, ISBN 978-3-7751-4816-0

Gelassen in dir
Aufstellbuch mit Aphorismen
Spiralheft, 120 S., Nr. 394 416, ISBN 978-3-7751-4416-2
Kurze Texte, Gedanken und Gebete, die zu einer begründeten
und vertrauensvollen Gelassenheit einladen

Glaube, der erwachsen wird
Hc., 128 S., Nr. 393 836, ISBN 978-3-7751-3836-9

Zur Wiederentdeckung der Hoffnung
Grundlagen des Glaubens 1

Hc., 144 S., Nr. 393 898, ISBN 978-3-7751-3898-7
Spannende theologische Entfaltungen des Evangeliums zu den Themen:
Hoffnung und Auferstehung, Frage nach Gott, Evangelium und Recht-
fertigung.

Glaube als Beziehung
Von der menschlichen Wirklichkeit Gottes
Grundlagen des Glaubens 2

Hc., 176 S., Nr. 394 458, ISBN 978-3-7751-4458-2
Einfühlsame Entfaltungen des Evangeliums laden zu einem befreienden
und lebensbejahenden Glauben ein.

Wenn die Liebe zum Leben wird
Zur Beziehungsgewissheit
Grundlagen des Glaubens 3

Hc., 240 S., Nr. 395 180, ISBN 978-3-7751-5180-1
Zu den Themen: Glaube und Erfahrung, Gott und Christus »begreifen«,
das Wesen der Liebe, Gerechtigkeit und Toleranz.

Lass uns Liebe lernen
Briefe, Gebete und Meditationen

Hc., 112 S., Nr. 393 599, ISBN 978-3-7751-3599-3
Was hat erotische Liebe mit Gott zu tun? Die persönlichen Gedanken regen
dazu an, die Erfahrungen und Möglichkeiten der partnerschaftlichen Liebe
wie auch des Glaubens neu zu entdecken.

Fürchte dich nicht, ich bin bei dir
Liederbuch

Gh., 32 S., Nr. 394 321, ISBN 978-3-7751-4321-9

Bitte fragen Sie in Ihrer Buchhandlung nach diesen Büchern!
Oder schreiben Sie an: SCM Hänssler im SCM-Verlag,
D-71087 Holzgerlingen